知成语
读论语

袁超 著

SPM 南方传媒

全国优秀出版社
全国百佳图书出版单位

广东教育出版社

·广州·

图书在版编目（CIP）数据

知成语　读论语 / 袁超著 . — 广州：广东教育出版社，2025.1

ISBN 978-7-5548-5937-7

Ⅰ.①知…　Ⅱ.①袁…　Ⅲ.①《论语》—小学—教学参考资料　②汉语—成语—小学—教学参考资料　Ⅳ.① G624.203

中国版本图书馆 CIP 数据核字（2024）第 011961 号

知成语　读论语
ZHI CHENGYU DU LUNYU

出 版 人：朱文清
出版策划：郝琳琳
责任编辑：王子鑫
责任技编：吴华莲
装帧设计：喻悠然
责任校对：黎飞婷
出版发行：广东教育出版社
　　　　　（广州市环市东路472号12~15楼　邮政编码：510075）
销售热线：020-87615809
网　　址：http://www.gjs.cn
E-mail：gjs-quality@nfcb.com.cn
经　　销：广东新华发行集团股份有限公司
印　　刷：佛山市浩文彩色印刷有限公司
　　　　　（佛山市南海区狮山科技工业园A区）
规　　格：787 mm×1092 mm　1/16
印　　张：11.5
字　　数：230千
版　　次：2025年1月第1版
　　　　　2025年1月第1次印刷
定　　价：29.00元

前 言

《论语》，我国春秋时期的一部语录体散文集，其中记述了伟大的思想家、教育家孔子及其弟子的言论，反映了孔子以"仁"为核心的儒家思想，教给后人如何为人处世的道理。

两千多年来，儒家思想长盛不衰，成为中国传统思想文化中的主流。《论语》也值得每一名中国人细细品读、终身学习。《论语》承载着中华优秀传统文化的基因，对中华民族乃至世界产生了巨大、深远的影响。

《论语》全书20篇，492章，15000余字。经典虽好，但对初学者来讲，想要熟读成诵且能融会贯通，实在不易。编者作为一名教师，近年来致力于经典诵读教学实践，对此有着切身体会。那么，有没有更有效的方法、更优化的内容能够提供给学生来提高诵读效率，做到既减轻学生负担，又增进学习兴趣呢？

由此，编者萌生了点面结合、分层分级的设想，试图对经典内容进行精减精选，对诵读方法采取简化优化。《论语》中有许多简洁生动的词语、短句沿用至今，早已成为人们熟知和惯用的成语。故而，编者想何不以这些出自《论语》的成语为切入点，选编一本涵盖《论语》精华语句的成语版诵读本《论语》呢？于是，经过一遍遍精挑细选，一次次修订完善，一本"精减版"《论语》诵读本终于雏形初现，并在大家的鼓励、支持和期许中得以出版。

本书命名为《知成语 读论语》，把成语学习与经典诵读创意整合，选编了出自《论语》的252个成语和34则格言，内容涉及《论语》20篇492章中的近200

1

章，其中囊括了《论语》中几乎所有的名篇、名句。此书一本在手，可以熟读成诵《论语》精华篇章，学习和积累200多条成语、格言，亦算得上为学生减负增效。

本书在编排体例上，先是成语及其解释，接着是成语在《论语》中的出处和对应章节原文，最后是原文解读。依托成语为抓手，以"成语"带出"论语"，先学一条成语，再诵读一章论语，参考译文可以帮助理解、强化记忆。成语——带成语的《论语》——整本《论语》，呈现三个学习层级，让不同潜质的学生各尽所能、各得其所，体现了因材施教、有教无类的教育理念。

学习经典，贵在熟读精思，旨在明德开慧。熟读是基础，熟而后有所悟，悟而后有所得。读熟了，背下来，让书本变成自己的东西，潜移默化，润物无声，必要时自然能派上用场。为便于少年儿童和其他学习者开展诵读，本书中成语和论语原文均标注拼音；为便于学习过程中进行检索和查找，书后附录了《论语》全文，并附上了按音序排列的索引。另外还精选了60多个成语，编成了一首朗朗上口的《论语》四字成语歌。

本书初版成稿于2015年，当时收录成语160个、格言32则，原名《论语中的成语》。近年来本书在使用中不断完善，于2024年进行了修订和增补，现共收录《论语》中的成语251个、格言36则。此次新稿再次出版，定名为《知成语 读论语》。

本书在选编过程中，主要依据杨伯峻先生的《论语译注》，并参考了南怀瑾先生的《论语别裁》等多个版本的《论语》注释，深受启迪和教益，在此一并表示衷心感谢。受编者水平所限，本书中错漏难免，恳请读者朋友们批评指正。

《论语》四字成语歌

mǐn ér hào xué
敏 而 好 学

xún xún shàn yòu
循 循 善 诱

zé shàn ér cóng
择 善 而 从

yǎng zhī mí gāo
仰 之 弥 高

hòu shēng kě wèi
后 生 可 畏

yǒu jiào wú lèi
有 教 无 类

jìn shàn jìn měi
尽 善 尽 美

zhòng xīng gǒng běi
众 星 拱 北

chá yán guān sè
察 言 观 色

xíng yǒu yú lì
行 有 余 力

yǐn shuǐ qū gōng
饮 水 曲 肱

hé ér bù tóng
和 而 不 同

wēn gù zhī xīn
温 故 知 新

yán ér yǒu xìn
言 而 有 信

dān shí piáo yǐn
箪 食 瓢 饮

wén zhì bīn bīn
文 质 彬 彬

jǐ suǒ bú yù
己 所 不 欲

xià xué shàng dá
下 学 上 达

wù shī yú rén
勿 施 于 人

sān xǐng wú shēn
三 省 吾 身

当仁不让 dāng rén bú ràng

安老怀少 ān lǎo huái shào

求仁得仁 qiú rén dé rén

直谅多闻 zhí liàng duō wén

见义勇为 jiàn yì yǒng wéi

三思而行 sān sī ér xíng

无为而治 wú wéi ér zhì

来者可追 lái zhě kě zhuī

见贤思齐 jiàn xián sī qí

过犹不及 guò yóu bù jí

无所不至 wú suǒ bú zhì

升堂入室 shēng táng rù shì

学而不厌 xué ér bú yàn

闻一知十 wén yī zhī shí

博文约礼 bó wén yuē lǐ

不忧不惧 bù yōu bú jù

诲人不倦 huì rén bú juàn

举一反三 jǔ yī fǎn sān

温良恭俭 wēn liáng gōng jiǎn

以德报怨 yǐ dé bào yuàn

克己复礼　kè jǐ fù lǐ

乐在其中　lè zài qí zhōng

犯而不校　fàn ér bú jiào

有始有终　yǒu shǐ yǒu zhōng

侃侃而谈　kǎn kǎn ér tán

从心所欲　cóng xīn suǒ yù

不在其位　bú zài qí wèi

名正言顺　míng zhèng yán shùn

慎终追远　shèn zhōng zhuī yuǎn

居敬行简　jū jìng xíng jiǎn

行己有耻　xíng jǐ yǒu chǐ

一以贯之　yī yǐ guàn zhī

斐然成章　fěi rán chéng zhāng

无欲则刚　wú yù zé gāng

不谋其政　bù móu qí zhèng

本立道生　běn lì dào shēng

3

任重道远　rèn zhòng dào yuǎn

岁不我与　suì bù wǒ yǔ

各得其所　gè dé qí suǒ

立志于学　lì zhì yú xué

欲罢不能　yù bà bù néng

直道而行　zhí dào ér xíng

善贾而沽　shàn jià ér gū

不亦乐乎　bú yì lè hū

目 录

2

3

7

10

11

学而第一

◆ **学 而 时 习 之**
xué ér shí xí zhī

【解 释】 时：按时、时常。习：练习、实习。学过的内容要经常复习。

◆ **不 亦 乐 乎**
bú yì lè hū

【解 释】 亦：也。乎：文言文中表疑问的语气词。不也很快乐吗？现亦用来表示达到极点，难以控制的意思。

子曰："学而时习之，不亦说（悦）乎？有朋自远方来，不亦乐乎？人不知，而不愠，不亦君子乎？"

【译文】孔子说："学了，然后时常温习、实践，不也很高兴吗？有志同道合的人从远方来，不也很快乐吗？人家不了解我，我却不怨恨，不也是君子吗？"

◆ **犯 上 作 乱**
fàn shàng zuò luàn

【解 释】 犯：冒犯、触犯。上：指等级、地位高的人。指冒犯尊长和君上，搞叛逆活动。

◆ **本 立 道 生**
běn lì dào shēng

【解 释】 本指根本，"道"是治国做人的原则。根本建立了，治国做人的原则就有了。

yǒu zǐ yuē　　　　qí wéi rén yě xiào tì　　　　　ér hào fàn shàng

有子曰："其为人也孝弟（悌），而好犯上

zhě　xiǎn yǐ　bú hào fàn shàng　　ér hào zuò luàn zhě　wèi zhī yǒu yě　jūn zǐ

者，鲜矣；不好犯上，而好作乱者，未之有也。君子

wù běn　　běn lì ér dào shēng　　xiào tì　　　　yě zhě　qí wéi rén zhī běn yú

务本，本立而道生。孝弟（悌）也者，其为仁之本与

（欤）？"

【译文】有子说："他的为人，孝顺父母，敬爱兄长，却喜欢触犯上级，这种人是很少的；不喜欢触犯上级，却喜欢造反，这种人从来没有过。君子专心致力于根本，根本建立起来了，'道'就会产生。孝顺父母，敬爱兄长，这就是'仁'的根本啊！"

qiǎo yán lìng sè

◈ **巧言令色**

解释 巧言：虚伪的好话。令色：讨好的表情。形容用花言巧语、伪装和善，讨好别人。

zǐ yuē　　qiǎo yán lìng sè　xiǎn yǐ rén

子曰："巧言令色，鲜矣仁！"

【译文】孔子说："花言巧语，伪装和善，这种人，'仁德'就很少了。"

sān xǐng wú shēn

◈ **三省吾身**

解释 三：表示多数或多次。省：检查自己的思想行为。吾：我。指经常反思自己的思想行为，检查自己的错误。

zēng zǐ yuē　　　　wú rì sān xǐng wú shēn　　wéi rén móu ér bù zhōng hū

曾子曰："吾日三省吾身——为人谋而不忠乎？

yǔ péngyǒu jiāo ér bú xìn hū　chuán bù xí hū

与朋友交而不信乎？传不习乎？"

【译文】曾子说："我每天多次反省自己：为别人办事是否尽心竭力了呢？同朋友往来是否诚实守信呢？老师传授给我的学业是否复习了呢？"

xíng yǒu yú lì
◈ 行有余力

解 释 行：做、办。指做好应做的工作以后，还有剩余精力。

zǐ yuē　　　　dì zǐ　　rù zé xiào　chū zé tì　jǐn ér xìn　fàn ài
子曰："弟子，入则孝，出则悌，谨而信，泛爱

zhòng ér qīn rén　xíngyǒu yú lì　zé yǐ xuéwén
众，而亲仁。行有余力，则以学文。"

【译文】孔子说："后生小子，在父母跟前，就孝顺父母；出门在外，就敬爱兄长；说话谨慎，诚实可信，博爱大众，亲近有仁德的人。这样躬行实践之后，有剩余精力，就再去学习文献知识。"

xián xián yì sè
◈ 贤贤易色

解 释 第一个"贤"表示尊重、重视；第二个"贤"指有才能有道德的人。易：轻视，看轻。色：姿色、女色。尊重实际的德行，不重容貌。

yán ér yǒu xìn
◈ 言而有信

解 释 言：说话。信：信用。说话靠得住，有信用。

zǐ xià yuē　　　　　xiánxián yì sè　　shì fù mǔ　néng jié qí lì　shì jūn
子夏曰："贤贤易色；事父母，能竭其力；事君，

néng zhì qí shēn　yǔ péng yǒu jiāo　yán ér yǒu xìn　suī yuē wèi xué　wú bì wèi
能致其身；与朋友交，言而有信。虽曰未学，吾必谓

zhī xué yǐ
之学矣。"

【译文】子夏说："对妻子，重品德，不重容貌；侍奉父母，能尽心竭力；服侍君王，能献出生命；与朋友交往，说话诚实守信。这种人，虽说没学习过，我一定说他已经学习过了。"

过则勿惮改〈格〉

解释 过：过错、过失。惮：害怕、畏惧。有了过错，就不要惧怕改正。

子曰："君子不重，则不威；学则不固。主忠信。无（毋）友不如己者。过，则勿惮改。"

【译文】孔子说："君子，不庄重就没有威严；即使读书，所学的也不会巩固。要以忠和信两种道德为主。不要跟不如自己的人交朋友。有了过错，就不要惧怕改正。"

慎终追远

解释 慎：谨慎。终：寿终。远：指祖先。旧指慎重地办理父母丧事，虔诚地追悼远代祖先。后也指谨慎从事，追念前贤。

曾子曰："慎终，追远，民德归厚矣。"

【译文】曾子说："慎重地办理父母的丧事，虔诚地祭祀历代的祖先，自然会使老百姓日趋忠厚老实。"

温良恭俭让

解释 温：温和，良：善良，恭：恭敬，俭：节制，让：谦让。为儒家所提倡的待人接物的五项准则。后多形容态度温和，举止文雅。

子禽问于子贡曰："夫子至于是邦也，必闻其政，求之与（欤）？抑与之与（欤）？"子贡曰："夫子温、良、恭、俭、让以得之。夫子之求之也，其诸异乎

rén zhī qiú zhī yú
人之求之与（欤）？"

【译文】子禽问子贡说："老师（这里指孔子）到了一个国家，必然听得到那个国家的政事。这是他求来的呢？还是人家主动告诉他的呢？"子贡说："老师是靠温和、善良、恭敬、节俭、谦让来获得的。老师获得的方法，和别人获得的方法，不相同吧？"

lǐ zhī yòng   hé wéi guì
◆ 礼之用，和为贵〈格〉

解释 礼：这里指"周礼"，礼节、仪式，也指人们的道德规范。和：调和、和谐、协调。礼的功用，以和谐为贵。

xiǎo dà yóu zhī
◆ 小大由之

解释 由：顺遂、依从。小事、大事都遵循礼节而行。也指用途可大可小。

5

yǒu zǐ yuē   lǐ zhī yòng   hé wéi guì   xiān wáng zhī dào   sī wéi měi
有子曰："礼之用，和为贵。先 王之道，斯为美；
xiǎo dà yóu zhī   yǒu suǒ bù xíng   zhī hé ér hé   bù yǐ lǐ jié zhī   yì bù kě
小大由之。有所不行，知和而和，不以礼节之，亦不可
xíng yě
行也。"

【译文】有子说："礼的功用，以和谐为贵。过去圣明君王的治国方法，可贵之处就在这里，大事小事都以此办法去做。但有的时候就行不通，（这是因为）为和谐而和谐，不以规矩制度来加以节制，也是不可行的。"

shí wú qiú bǎo
◆ 食无求饱

解释 饮食不要求饱。指饮食要有节制。

jiù zhèng yǒu dào
◆ 就正有道

解释 就正：请求指正。向有学问、有道德的人请求指正。

子曰：“君子食无求饱，居无求安，敏于事而慎于言，就有道而正焉，可谓好学也已。”

【译文】孔子说：“君子，饮食不要求饱足，居住不要求舒适，对工作勤劳敏捷，说话却谨慎小心，到有道的人那里去匡正自己，这样，可以说是好学了。”

贫而无谄

解释 贫：贫穷。谄：谄媚，巴结奉承。指贫穷却不谄媚他人。

富而无骄

解释 富：富有。骄：骄傲。指虽然富有但不骄傲放纵。

贫而乐道

解释 贫：生活穷困。乐道：喜好圣贤之道。家境贫穷，却以获得知识、懂得道理为乐事。

告往知来

解释 往：过去。来：未来。告诉了过去，可推知未来。比喻能明了事物发展的联系，由此知彼。

子贡曰：“贫而无谄，富而无骄，何如？”子曰：“可也；未若贫而乐，富而好礼者也。”

子贡曰：“《诗》云：‘如切如磋，如琢如磨。’

qí sī zhī wèi yú　　　　zǐ yuē　　cì yě　shǐ kě yǔ yán　shī yǐ

其斯之谓与（欤）？”子曰：“赐也，始可与言《诗》已

yǐ　gào zhū wǎng ér zhī lái zhě

矣，告诸往而知来者。”

【译文】子贡说：“贫穷而能不谄媚，富有而能不骄纵，怎么样呢？”孔子说：“可以了。但是还不如贫穷却能怡然自乐，富贵却能谦逊好礼。”

子贡说：“《诗经》上说：‘要像把骨头、象牙、玉石等加工成精美器物一样切、磋、琢、磨。’就是讲的这个意思吧？”孔子说：“赐（子贡的名）呀，现在可以和你讨论《诗经》了，告诉你这一件事，就可以推知另外的事。”

bú huàn rén zhī bù jǐ zhī　　huàn bù zhī rén yě

◆ **不患人之不己知，患不知人也** 〈格〉

解释 患：忧虑、怕。人：这里指有教养、有知识的人。不怕别人不了解自己，只怕自己不了解别人。

zǐ yuē　　　　　bú huàn rén zhī bù jǐ zhī　　huàn bù zhī rén yě

子曰：“不患人之不己知，患不知人也。”

【译文】孔子说：“不怕别人不了解自己，只怕自己不了解别人。”

为政第二

zhòng xīng gǒng běi
◆ 众星拱北

解释 拱：环绕、拱卫。北：指北极星。天上众星环绕着北极星。旧指有德的国君在位，得到天下臣民的拥戴。现比喻众人拥戴一人或众物围绕一物。

zǐ yuē　　wéi zhèng yǐ dé　pì rú běi chén　jū qí suǒ ér zhòng xīng gǒng
子曰："为政以德，譬如北辰，居其所而众星共

zhī
（拱）之。"

【译文】孔子说："用道德教化来治理国政，就会像北极星那样，自己居于一定的方位，群星都环绕着它。"

yì yán yǐ bì zhī
◆ 一言以蔽之

解释 蔽：概括。用一句话来概括它。

zǐ yuē　　shī sān bǎi　yì yán yǐ bì zhī　yuē　　sī wú
子曰："《诗》三百，一言以蔽之，曰：'思无

xié
邪。'"

【译文】孔子说："《诗经》三百篇，用一句话来概括它，就是：'思想纯正。'"

sān shí ér lì
◆ 三十而立

解释 立：立足，站得住。现指人到三十岁开始成熟，能立足于社会。

8

cóng xīn suǒ yù
从 心 所 欲

解 释 从：遵从。欲：想要，希望。指顺着自己的心愿，想要干什么就干什么。

zǐ yuē　　　 wú shí yòu　　　 wǔ ér zhì yú xué　 sān shí ér lì
子曰："吾十有（又）五而志于学，三十而立，

sì shí ér bú huò　 wǔ shí ér zhī tiān mìng　 liù shí ér ěr shùn　 qī shí ér cóng xīn
四十而不惑，五十而知天命，六十而耳顺，七十而从心

suǒ yù　　 bù yú jǔ
所欲，不逾矩。"

【译文】孔子说："我十五岁立志于学问；三十岁能自立（说话做事都有把握）；四十岁能不被外界事物所迷惑；五十岁懂得了天命；六十岁能正确对待各种言论，明辨是非；七十岁能随心所欲而不越过规矩。"

quǎn mǎ zhī yǎng
犬 马 之 养

解 释 养：奉侍亲长。形容仅能供养父母而不存孝敬之心，也可用作供养父母的谦辞。

zǐ yóu wèn xiào　 zǐ yuē　　　 jīn zhī xiào zhě　　 shì wèi néng yǎng　 zhì yú
子游问孝。子曰："今之孝者，是谓能养。至于

quǎn mǎ　　 jiē néng yǒu yǎng　 bú jìng　 hé yǐ bié hū
犬马，皆能有养；不敬，何以别乎？"

【译文】子游请教孝道。孔子说："如今所谓的孝，只是说能够供养父母便行了。即使狗和马，也都有人饲养。对父母如果不恭敬顺从，那同饲养狗和马有什么区别呢？"

wēn gù zhī xīn
温 故 知 新

解 释 温：温习。故：旧的。温习旧的知识，能得到新的体会和发现。也指回顾历史，能更好地认识现在。

zǐ yuē　　wēn gù ér zhī xīn　kě yǐ wéi shī yǐ

子曰："温故而知新，可以为师矣。"

【译文】孔子说："在温习旧知识时，能有新体会、新发现，就可以当老师了。"

bǐ ér bù zhōu
◇ **比 而 不 周**

解 释 比：勾结。周：团结。指小人为各自的私利彼此勾结，而不是为正义而团结在一起。

zǐ yuē　　jūn zǐ zhōu ér bù bǐ　　xiǎo rén bǐ ér bù zhōu

子曰："君子周而不比，小人比而不周。"

【译文】孔子说："德行高尚的人以正道广泛交友但不互相勾结，品格卑下的人互相勾结却不顾道义。"

xué ér bù sī zé wǎng　　sī ér bù xué zé dài
◇ **学 而 不 思 则 罔 ， 思 而 不 学 则 殆** 〈格〉

解 释 罔：迷惑。殆：危险。只知读书，不去思考，就会越读越迷惑不解；只会空想，不去学习，就会越想越想入非非。

zǐ yuē　　xué ér bù sī zé wǎng　　　sī ér bù xué zé dài

子曰："学而不思则罔（惘），思而不学则殆。"

【译文】孔子说："只读书却不思考，就会迷惑不解；只空想却不读书，就会对自己有害。"

gōng hū yì duān
◇ **攻 乎 异 端**

解 释 攻：可理解为"攻读"或"攻击"。异端：有别于正统思想的主张或教义，古代儒家称其他学说、学派为异端。此成语一指攻读钻研异端学说，一指攻击批判异端学说。

zǐ yuē　　gōng hū yì duān　　sī hài yě yǐ

子曰："攻乎异端，斯害也已。"

【译文】孔子说："攻击那些不正确的言论，祸害就可以消除了。"

◆ **知之为知之，不知为不知，是知也** 〈格〉

　zhī zhī wéi zhī zhī　bù zhī wéi bù zhī　shì zhì yě

解释 知道就是知道，不知道就是不知道，这才是明智。

子曰："由！诲女（汝）知之乎！知之为知之，不知为不知，是知（智）也。"

【译文】孔子说："由，教给你对待知或不知的正确态度吧！知道就是知道，不知道就是不知道，这才是明智啊。"

◆ **言寡尤，行寡悔**

　yán guǎ yóu　xíng guǎ huǐ

解释 寡：少。尤：过失。言语上很少过错，行为上很少悔恨。指说话做事少犯错误，形容言谈举止小心谨慎。

子张学干禄。子曰："多闻阙疑，慎言其余，则寡尤；多见阙殆，慎行其余，则寡悔。言寡尤，行寡悔，禄在其中矣。"

【译文】子张请教求得官职俸禄的方法。孔子说："多听，把不明白的事情放到一边，谨慎地说出那些真正懂得的，就能少犯错误；多观察，不明白的就保留心中，谨慎地实行那些真正懂得的，就能减少事后懊悔。言语少犯错误，行动很少后悔，自然就有官职俸禄了。"

◆ **举直错枉**

　jǔ zhí cuò wǎng

解释 举：选拔。直：正直，指正直的人。错：通"措"，废弃，放弃。枉：弯曲，比喻邪恶的人。选拔起用正直的人，罢黜废弃邪恶的人。

举枉错直
jǔ wǎng cuò zhí

解释 起用奸邪的人，罢黜正直的人。

哀公问曰："何为则民服？"孔子对曰："举直
āi gōng wèn yuē　　　hé wéi zé mín fú　　　kǒng zǐ duì yuē　　jǔ zhí

错诸枉，则民服；举枉错诸直，则民不服。"
cuò zhū wǎng　zé mín fú　jǔ wǎng cuò zhū zhí　zé mín bù fú

【译文】鲁哀公问："怎样才能使百姓服从呢？"孔子回答说："把正直无私的人提拔起来，把邪恶不正的人置于一旁，百姓就服从了；把邪恶不正的人提拔起来，把正直无私的人置于一旁，百姓就不会服从了。"

人而无信，不知其可
rén ér wú xìn　　bù zhī qí kě

解释 信：信用。其：那。可：可以，行。一个人不讲信用，真不知道怎么能行。指人不讲信用是不行的。

子曰："人而无信，不知其可也。大车无輗，小车
zǐ yuē　　rén ér wú xìn　　bù zhī qí kě yě　　dà chē wú ní　　xiǎo chē

无軏，其何以行之哉？"
wú yuè　　qí hé yǐ xíng zhī zāi

【译文】孔子说："一个人不讲信用，不知那怎么可以。就像大车没有輗，小车没有軏一样，它如何能走呢？"

见义勇为
jiàn yì yǒng wéi

解释 看见合乎正义的事情就勇敢地去做。

子曰："非其鬼而祭之，谄也。见义不为，无勇也。"
zǐ yuē　　fēi qí guǐ ér jì zhī chǎn yě　jiàn yì bù wéi　wú yǒng yě

【译文】孔子说："不是自己应该祭祀的鬼神，却去祭祀他，这是谄媚。见到应该挺身而出的事情，却袖手旁观，这是怯懦。"

八佾第三

◆ 是可忍，孰不可忍
shì kě rěn，shú bù kě rěn

解释 是：这个。孰：那个。如果这个可以忍，那么还有什么不可以忍受呢？表示绝对不能容忍。

孔子谓季氏："八佾舞于庭，是可忍也，孰不可忍也？"
kǒng zǐ wèi jì shì　　bā yì wǔ yú tíng　shì kě rěn yě　shú bù kě rěn yě

【译文】孔子谈到季氏，说："他用天子才能用的八佾（六十四人）在庭院中奏乐舞蹈，这样的事都可以忍心做出来，什么事不可以狠心做出来呢？"

◆ 绘事后素
huì shì hòu sù

解释 绘：绘画。素：白底。先有白色底子，然后绘画。有洁白的质地为底色，才能绘出绚丽多彩的画。也比喻人外表的礼节仪式同内在的品质情操应是统一的。

子夏问曰："'巧笑倩兮，美目盼兮，素以为绚兮。'何谓也？"子曰："绘事后素。"
zǐ xià wèn yuē　qiǎo xiào qiàn xī　měi mù pàn xī　sù yǐ wéi xuàn xī　hé wèi yě　zǐ yuē　huì shì hòu sù

曰："礼后乎？"子曰："起予者商也！始可与言《诗》已矣。"
yuē　lǐ hòu hū　zǐ yuē　qǐ yú zhě shāng yě　shǐ kě yǔ yán　shī yǐ yǐ

【译文】子夏问道："'巧笑倩兮，美目盼兮，素以为绚兮。'这是什么意思呢？"孔子说："先有白色底子，然后绘画。"

子夏说："礼的本质也是如此吗？"孔子说："启发我的人是卜商（子夏的姓名）啊，现在我们可以一起讨论《诗经》了。"

āi ér bù shāng
◇ 哀而不伤

解释 哀：悲哀。伤：伤害，妨害，悲痛过分。本指音乐感情适中，悲哀而不过分。后多比喻言行适度，或无伤大雅。

zǐ yuē　　　　guān jū　　　　lè ér bù yín　　āi ér bù shāng
子曰："《关雎》，乐而不淫，哀而不伤。"

【译文】孔子说："《关雎》这篇诗，快乐而不过分，哀愁而不感伤。"

chéng shì bù shuō
◇ 成事不说

解释 成事：事情已成定局。说：解说。原指事情已成定局，不要再做解释。后指事情已过，不要再提了。

jì wǎng bú jiù
◇ 既往不咎

解释 既：已经。既往：已经过去的事。咎：责怪。对以往的过错不再追究、责怪。

āi gōng wèn shè yú zǎi wǒ　　zǎi wǒ duì yuē　　　xià hòu shì yǐ sōng　　yīn
哀公问社于宰我。宰我对曰："夏后氏以松，殷

rén yǐ bǎi　　zhōu rén yǐ lì　　yuē　　shǐ mín zhàn lì　　　zǐ wén zhī　　yuē
人以柏，周人以栗，曰，使民战栗。"子闻之，曰：

chéng shì bù shuō　suì shì bú jiàn　　jì wǎng bú jiù
"成事不说，遂事不谏，既往不咎。"

【译文】鲁哀公问宰我，作社主应该用什么木。宰我回答："夏朝用松木，商朝用柏木，周朝用栗木。用栗木的意思是使百姓战战栗栗。"孔子听到了这话，说："已经做过的事不用再提说了，已经完成的事不用再劝阻了，已经过去的事也不必再追究了。"

◆ **尽善尽美**
jìn shàn jìn měi

解 释 尽：极。极其完善，极其美好。形容完美无缺。

子谓《韶》，"尽美矣，又尽善也"。谓《武》，
zǐ wèi sháo   jìn měi yǐ yòu jìn shàn yě   wèi wǔ

"尽美矣，未尽善也"。
jìn měi yǐ   wèi jìn shàn yě

【译文】孔子讲到《韶》，说："音乐美极了，内容也很好。"讲到《武》，说："音乐美极了，内容却还不够好。"

里仁第四

zào cì diān pèi
◆ 造次颠沛

【解释】造次：这里指急迫。颠沛：困顿挫折。意思是流离失所、生活困顿。

zǐ yuē　　　fù yǔ guì　　shì rén zhī suǒ yù yě　　bù yǐ qí dào dé zhī
子曰："富与贵，是人之所欲也；不以其道得之，

bù chǔ yě　　pín yǔ jiàn　　shì rén zhī suǒ wù yě　　bù yǐ qí dào dé zhī　　bú qù
不处也。贫与贱，是人之所恶也；不以其道得之，不去

yě　jūn zǐ qù rén　wū　　hū chéng míng　jūn zǐ wú zhōng shí zhī jiān wéi
也。君子去仁，恶（乌）乎成名？君子无终食之间违

rén　zào cì bì yú shì　diān pèi bì yú shì
仁，造次必于是，颠沛必于是。"

【译文】孔子说："富有和尊贵，是人们所期望的，但不用正当的方法获得，（君子）就不会去享受。贫穷和低贱，是人们所厌恶的，但不用正当的方法脱离，（君子）就不会去摆脱。君子离开了仁德，怎么能成就名声呢？君子不会在哪怕是一顿饭的时间背离仁德，就是在最紧迫的时刻也必须遵循仁德，就是在最困顿的时候也必须遵循仁德。"

guàn guò zhī rén
◆ 观过知仁

【解释】过：过错，过失。仁：同"人"。指察看一个人所犯的过错，就可以了解他的为人。

zǐ yuē　　rén zhī guò yě　gè yú qí dǎng　guàn guò　sī zhī rén　　　yǐ
子曰："人之过也，各于其党。观过，斯知仁（人）矣。"

【译文】孔子说："人的过错，各属于一定的类型。观察一个人所犯的过错，便可以知道他是什么样的人了。"

朝 闻 道， 夕 死 可 矣 〈格〉
zhāo wén dào   xī sǐ kě yǐ

解释 早上获得真理，即使晚上就死去，也不感到遗憾。

zǐ yuē   zhāo wén dào   xī sǐ kě yǐ
子曰："朝 闻 道，夕 死 可 矣。"

【译文】孔子说："早上得知真理，就是当天晚上死去，都可以甘心。"

恶 衣 恶 食
è yī è shí

解释 恶：粗劣的，不好的。指粗劣的衣服和食物。形容生活俭约朴实。

zǐ yuē   shì zhì yú dào   ér chǐ è yī è shí zhě   wèi zú yǔ
子曰："士 志 于 道， 而 耻 恶 衣 恶 食 者， 未 足 与

yì yě
议 也。"

【译文】孔子说："一个人立志追求真理，却又以穿粗布吃淡饭为耻辱，这种人就不值得与他谈论真理了。"

一 以 贯 之
yī yǐ guàn zhī

解释 贯：贯穿。指用一种道理贯穿于万事万物。也形容始终如此、前后一致。

zǐ yuē   shēn hū   wú dào yī yǐ guàn zhī   zēng zǐ yuē
子曰："参 乎！吾 道 一 以 贯 之。" 曾 子 曰：

wéi
"唯。"

zǐ chū   mén rén wèn yuē   hé wèi yě   zēng zǐ yuē   fū zǐ zhī
子 出， 门 人 问 曰："何 谓 也？" 曾 子 曰："夫 子 之

dào zhōng shù ér yǐ yǐ
道， 忠 恕 而 已 矣。"

17

【译文】孔子说："参（曾子的名）啊，我讲的道贯穿着一个基本观念。"曾子说："是。"

孔子走出去后，别的学生问曾子："这是什么意思？"曾子说："老师所谓的道就是忠恕啊。"

君子喻于义，小人喻于利〈格〉

解释 喻：知晓，懂得。君子懂得道义，小人只知道利益。

子曰："君子喻于义，小人喻于利。"

【译文】孔子说："君子懂得道义，小人只知道利益。"

见贤思齐

解释 贤：德才兼备的人。齐：看齐。见到品行高、才学好的人，就想向他看齐。

18

子曰："见贤思齐焉，见不贤而内自省也。"

【译文】孔子说："见到贤人，就应该向他学习、看齐，见到不贤的人，就应该自我反省。"

劳而不怨

解释 劳：劳苦、操劳。怨：抱怨、怨恨。虽然很辛苦、很劳累，却从不报怨。形容孝子精心侍奉父母。也指人民勤劳而无埋怨。

子曰："事父母几谏。见志不从，又敬不违，劳而不怨。"

【译文】孔子说："侍奉父母，对他们的过错婉转地规劝。看到自己的规劝没有被听从，仍要恭顺他们，不加违抗，替他们操劳而不怨恨。"

一则以喜，一则以惧
yī zé yǐ xǐ ，一则以惧 yī zé yǐ jù

解 释 喜：喜悦。惧：惧怕。一方面高兴，一方面又害怕。

子曰："父母之年，不可不知也。一则以喜，一则以惧。"
zǐ yuē fù mǔ zhī nián bù kě bù zhī yě yī zé yǐ xǐ yī zé yǐ jù

【译文】孔子说："父母的年纪，不能不知道，一方面为他们的长寿而高兴，一方面又为他们的衰老而恐惧。"

讷言敏行
nè yán mǐn xíng

解 释 讷：迟钝，这里指谨慎。敏：灵敏。形容说话谨慎，行动敏捷。

子曰："君子欲讷于言而敏于行。"
zǐ yuē jūn zǐ yù nè yú yán ér mǐn yú xíng

【译文】孔子说："君子说话应该谨慎，而行动要敏捷。"

德不孤，必有邻 〈格〉
dé bù gū ，bì yǒu lín

解 释 德：有道德的人。孤：孤单。邻：接近、亲近的人。有道德的人不会孤单，必定有志同道合的人相伴。

子曰："德不孤，必有邻。"
zǐ yuē dé bù gū bì yǒu lín

【译文】孔子说："有道德的人是不会孤单的，一定会有志同道合的人和他相伴。"

公冶长第五

hú liǎn zhī qì
◆ 瑚 琏 之 器

解 释 瑚琏：古代祭祀时盛粮食用的礼器，是相当贵重的。这里用来比喻是可以重用的人才。瑚琏之器：比喻人特别有才能，可以担当大任。也作"瑚琏之资"。

zǐ gòng wèn yuē　　cì yě hé rú　　zǐ yuē　　rǔ　　qì
子 贡 问 曰："赐 也 何 如？"子 曰："女（汝），器

yě　　yuē　　hé qì yě　　yuē　　hú liǎn yě
也。"曰："何 器 也？"曰："瑚 琏 也。"

【译文】子贡问道："我是怎样的人？"孔子说："你就好比是一个器皿。"子贡说："是什么器皿呢？"孔子说："宗庙祭祀时用来盛粮食的瑚琏。"

wén yī zhī shí
◆ 闻 一 知 十

解 释 闻：听到。听到一点就能懂得很多。形容善于领悟，能举一反三。

zǐ wèi zǐ gòng yuē　　rǔ　　yǔ huí yě shú yù　　duì yuē
子 谓 子 贡 曰："女（汝）与 回 也 孰 愈？"对 曰：

cì yě hé gǎn wàng huí　　huí yě wén yī yǐ zhī shí　　cì yě wén yī yǐ zhī
"赐 也 何 敢 望 回？回 也 闻 一 以 知 十，赐 也 闻 一 以 知

èr　　zǐ yuē　　fú rú yě　　wú yǔ rǔ　　fú rú yě
二。"子 曰："弗 如 也；吾 与 女（汝）弗 如 也！"

【译文】孔子对子贡说："你和颜回相比，谁更强一些呢？"子贡答道："我嘛，怎么敢和颜回比呢？他呀，听到一件事，就可以推知十件事；我呢，

听到一件事，只能推知两件事。"孔子说："是不如他呀，我和你都不如他。"

朽木不可雕
xiǔ mù bù kě diāo

解释 朽：腐烂。雕：在竹木、玉石等上面刻画。腐烂的木头不能雕刻。比喻人不可造就或事情无法挽救。

听其言，观其行
tīng qí yán guān qí xíng

解释 听了他说的话，还要看他的行动。指不要只听言论，还要看实际行动。

宰予昼寝。子曰："朽木不可雕也，粪土之墙不
可杇（圬）也；于予与何诛？"子曰："始吾于人也，听
其言而信其行；今吾于人也，听其言而观其行。于予与
改是。"

【译文】宰予白天睡觉。孔子说："腐烂的木头无法雕刻，粪土似的墙壁无法粉刷。对于宰予，责备还有什么用呢？"孔子说："起初我对于人，听到他的话便相信他的行为；现在我对于人，听到他的话还要观察他的行为。从宰予这里我改变了观察人的方法。"

无欲则刚
wú yù zé gāng

解释 欲：欲望。刚：刚强、刚毅。没有个人欲望，才能刚毅不屈。

子曰："吾未见刚者。"或对曰："申枨。"子
曰："枨也欲，焉得刚？"

【译文】孔子说："我没有见过刚强的人。"有人回答说："申枨就是这样的人。"孔子说："申枨嘛，他欲望太多，怎么能刚强呢？"

mǐn ér hào xué
敏 而 好 学

解释 敏：聪明、灵活。天资聪敏而且喜好学习。

bù chǐ xià wèn
不 耻 下 问

解释 不耻：不以为可耻。不以向不如自己的人请教为耻，形容虚心好学。

zǐ gòng wèn yuē　　　kǒng wén zǐ hé yǐ wèi zhī　wén　　yě　　　zǐ
子 贡 问 曰："孔 文 子 何 以 谓 之 '文' 也？" 子

yuē　　mǐn ér hào xué　　bù chǐ xià wèn　　shì yǐ wèi zhī　wén　　yě
曰："敏 而 好 学，不 耻 下 问，是 以 谓 之 '文' 也。"

【译文】子贡问道："为什么给孔文子一个"文"的谥号呢？"孔子说："他聪明灵活，爱好学问，不以向不如自己的人请教为耻，所以用"文"字做他的谥号。"

sān sī ér xíng
三 思 而 行

解释 三思：反复思考。本指遇事犹豫不决，难以下定决心。后指应当考虑成熟，然后付诸行动。

jì wén zǐ sān sī ér hòu xíng　　zǐ wén zhī　yuē　　　zài　　sī kě yǐ
季 文 子 三 思 而 后 行。子 闻 之，曰："再，斯 可 矣。"

【译文】季文子做每件事都要考虑多次才行动。孔子知道了，说："考虑两次也就可以了。"

yú bù kě jí
愚 不 可 及

解释 愚：傻，笨。及：赶上。愚蠢得别人赶不上。指愚蠢到了极点。

zǐ yuē　　　nìng wǔ zǐ　bāng yǒu dào　zé zhì　　　bāng wú dào
子曰："宁武子，邦有道，则知（智）；邦无道，

zé yú　qí zhì　　　　kě jí yě　　qí yú bù kě jí yě
则愚。其知（智）可及也，其愚不可及也。"

【译文】孔子说："宁武子这个人，当国家太平政治清明时，他就显露智慧；当国家无道政局昏暗时，他就装傻。他的那种聪明，别人可以赶得上；他的那种装糊涂，别人就赶不上了。"

fěi　rán chéng　zhāng
◆ **斐 然 成 章**

解释　斐然：有文采的样子。形容文章富有文采而又成章法。

zǐ zài chén　　yuē　　　guī yú　　　　　guī yú　　　　wú dǎng zhī
子在陈，曰："归与（欤）！归与（欤）！吾党之

xiǎo zǐ kuáng jiǎn　fěi rán chéng zhāng　bù zhī suǒ yǐ cái zhī
小子狂简，斐然成章，不知所以裁之。"

【译文】孔子在陈国，说："回去吧！回去吧！我们那里的学生志向远大但行为有些粗率简单，文章文采飞扬，我不知道怎样去指导他们。"

ān　lǎo huái shào
◆ **安老怀少**

解释　安：安顿。怀：关怀。尊重老人，使其安逸；关怀年轻人，使其信服。

yán yuān jì　lù shì　　zǐ yuē　　　　hé gè yán ěr zhì
颜渊季路侍。子曰："盍各言尔志？"

zǐ　lù　yuē　　　yuàn chē mǎ　　　yì qīng qiú　yǔ péng yǒu gòng　　bì　zhī
子路曰："愿车马、衣轻裘与朋友共，敝之

ér　wú hàn
而无憾。"

yán yuān yuē　　　yuàn wú fá shàn　wú shī láo
颜渊曰："愿无伐善，无施劳。"

子路曰：“愿 闻子之志。”

子曰：“老者安之， 朋 友信之， 少 者 怀 之。”

【译文】孔子坐着，颜渊、子路两人站在孔子身边。孔子说："何不各人说说自己的志向？"

子路说："我愿意拿出车马、衣服、皮袍，和朋友共享，用坏了也不抱怨。"

颜渊说："我愿意不炫耀自己的长处，不表白自己的功劳。"

子路向孔子说："希望听听您的志向。"

孔子说："我希望老人能得到安养，朋友能相互信任，少年能得到关怀。"

雍也第六

◆ 居敬行简
jū jìng xíng jiǎn

解释 居：平时。敬：恭敬有礼。简：简约，不烦琐。指为人恭敬有礼，做事简捷明了。

仲弓问子桑伯子。子曰："可也，简。"
zhòng gōng wèn zǐ sāng bó zǐ   zǐ yuē   kě yě   jiǎn

仲弓曰："居敬而行简，以临其民，不亦可乎？
zhòng gōng yuē   jū jìng ér xíng jiǎn   yǐ lín qí mín   bú yì kě hū

居简而行简，无乃大（太）简乎？"子曰："雍之言
jū jiǎn ér xíng jiǎn   wú nǎi tài   jiǎn hū   zǐ yuē   yōng zhī yán

然。"
rán

【译文】仲弓问孔子，子桑伯子是怎样的人。孔子说："可以呀，简简单单。"

仲弓说："平时恭敬有礼、严肃认真，做事简要而不烦琐，这样治理百姓，不也可以吗？平时马马虎虎，内心简慢，行事方法又简要（随便），岂不是太简单（不负责）了吗？"孔子说："冉雍（仲弓的姓名）说得对呀。"

◆ 君子周急不继富〈格〉
jūn zǐ zhōu jí bú jì fù

解释 周：周济，救助。急：急需。继：接济。道德高尚的人周济急需的人，不接济富有的人。

肥马轻裘

féi mǎ qīng qiú

解释 裘：毛皮衣服。骑肥壮的马，穿轻暖的皮衣。形容生活奢豪阔绰。

子华使于齐，冉子为其母请粟。子曰："与之
zǐ huá shǐ yú qí　 rǎn zǐ wèi qí mǔ qǐng sù　　　zǐ yuē　　　　yǔ zhī

釜。"
fǔ

请益。曰："与之庾。"
qǐng yì　 yuē　　　yǔ zhī yǔ

冉子与之粟五秉。
rǎn zǐ yǔ zhī sù wǔ bǐng

子曰："赤之适齐也，乘肥马，衣轻裘。吾闻之
zǐ yuē　　　chì zhī shì qí yě　 chéng féi mǎ　　yì qīng qiú　　wú wén zhī

也：君子周急不继富。"
yě　 jūn zǐ zhōu jí bú jì fù

【译文】公西华出使齐国，冉有替他母亲向孔子请求补助一些谷米。孔子说："给他六斗四升。"

冉有请求增加一些。孔子说："再给他二斗四升。"

冉有却给了他八十斛。

孔子说："公西华到齐国去，乘坐着肥马驾驶的车子，穿着又轻又暖的皮袍。我听说过，君子只是周济急需救济的人，而不去接济富有的人。"

犁牛骍角

lí niú xīng jiǎo

解释 犁牛：耕牛，杂色的牛。骍：赤色的马或牛。杂色牛生出赤色、角周正的小牛。比喻低劣的父亲生出贤明的儿女。

子谓仲弓，曰："犁牛之子骍且角，虽欲勿用，
zǐ wèi zhòng gōng　 yuē　　　lí niú zhī zǐ xīng qiě jiǎo　 suī yù wù yòng

山川其舍诸？"
shān chuān qí shě zhū

【译文】孔子讲到仲弓时，说："杂色耕牛生的小牛犊长着红红的毛、端正

的双角，虽然不愿用它作祭品，山川之神难道会舍弃它吗？"

箪食瓢饮
dān shí piáo yǐn

解释 箪：古代盛饭用的竹器。瓢：舀水用的器具。指生活清苦。多形容读书人安于贫穷的清高生活。

不堪其忧
bù kān qí yōu

解释 不堪：承受不了。忧：忧愁。不能忍受那样的愁苦。

不改其乐
bù gǎi qí lè

解释 不改变自有的快乐。指处于困苦的境况仍然很快乐。

子曰："贤哉，回也！一箪食，一瓢饮，在陋巷，人不堪其忧，回也不改其乐。贤哉，回也！"

【译文】孔子说："颜回多么有修养啊！一箪饭，一瓢水，住在简陋的小巷子里，别人都忍受不了这种穷苦忧愁，颜回却没有改变他自有的快乐。颜回多么有修养啊！"

中道而废
zhōng dào ér fèi

解释 中道：中途。废：不再使用；不再继续。半路就停止了。指做事不能坚持到底，中途停止，有始无终。

冉求曰："非不说（悦）子之道，力不足也。"子曰："力不足者，中道而废。今女（汝）画。"

【译文】冉求说："不是我不喜欢您的学说，是我的能力不够呀。"孔子说："能力不够是到半路才停下来。现在你是没起步就划定界限停下来了。"

行不由径
xíng bù yóu jìng

解 释 径：小路，引申为邪路。从来不走邪路。比喻行动正大光明。

子游为武城宰。子曰："女（汝）得人焉耳乎？"
zǐ yóu wéi wǔ chéng zǎi　zǐ yuē　rǔ　dé rén yān ěr hū

曰："有澹台灭明者，行不由径。非公事，未尝至于
yuē　yǒu tán tái miè míng zhě　xíng bù yóu jìng　fēi gōng shì　wèi cháng zhì yú

偃之室也。"
yǎn zhī shì yě

【译文】子游做了武城的长官。孔子说："你在那里得到人才没有？"子游回答说："有一个叫澹台灭明的人，走路不插小道，不是公事，从不到我屋子里来。"

文质彬彬
wén zhì bīn bīn

解 释 文：文采。质：实质。彬彬：形容配合协调。原形容人既文雅又朴实，后来形容人文雅有礼貌。

子曰："质胜文则野，文胜质则史。文质彬彬，
zǐ yuē　zhì shèng wén zé yě　wén shèng zhì zé shǐ　wén zhì bīn bīn

然后君子。"
rán hòu jūn zǐ

【译文】孔子说："质朴多于文采，就未免流于粗野；文采多于质朴，又未免流于虚浮。文采和质朴配合恰当，这才是个君子。"

知之者不如好之者，好之者不如乐之者〈格〉
zhī zhī zhě bù rú hào zhī zhě　hào zhī zhě bù rú lè zhī zhě

解 释 对于任何事业，懂得它不如爱好它，爱好它又不如以它为乐。

子曰："知之者不如好之者，好之者不如乐之者。"
zǐ yuē　zhī zhī zhě bù rú hào zhī zhě　hào zhī zhě bù rú lè zhī zhě

【译文】孔子说："懂得它的人，不如爱好它的人；爱好它的人，又不如以它为乐的人。"

jìng ér yuǎn zhī
敬而远之

解释 敬：尊敬、恭敬。远：这里指远离。后指表面表示尊敬，实则不愿接近。

xiān nán hòu huò
先难后获

解释 难：艰难，劳苦。获：收获。先付出劳动，然后取得收获。比喻努力进取，不坐享其成，不计较得失。

fán chí wèn zhì　　　　　zǐ yuē　　　　wù mín zhī yì　　　jìng guǐ shén ér
樊迟问知（智）。子曰："务民之义，敬鬼神而

yuǎn zhī　　kě wèi zhì　　　　yǐ
远之，可谓知（智）矣。"

wèn rén　　yuē　　　　rén zhě xiān nán ér hòu huò　　kě wèi rén yǐ
问仁。曰："仁者先难而后获，可谓仁矣。"

【译文】樊迟问怎样才是智慧。孔子说："专心致力于百姓应该遵从的道德，尊敬鬼神但不去接近，就可以说是智慧了。"

樊迟又问怎样才是仁德。孔子说："有仁德的人付出一定的努力，然后收获果实，这就是仁德。"

zhì zhě yào shuǐ　　rén zhě yào shān
智者乐水，仁者乐山

解释 乐：古音读yào，喜爱。智者像水一样活跃灵动，仁者像山一样稳重沉静。

zǐ yuē　　　zhì　　　zhě yào shuǐ　　rén zhě yào shān　　zhì　　　zhě
子曰："知（智）者乐水，仁者乐山。知（智）者

dòng　rén zhě jìng　　zhì　　　zhě lè　　rén zhě shòu
动，仁者静。知（智）者乐，仁者寿。"

【译文】孔子说："聪明人乐于水，仁德者乐于山。聪明人灵动，仁德者沉静。聪明人快乐，仁德者长寿。"

博文约礼
bó wén yuē lǐ

[解释] 博：广泛。约：约束。广求学问，恪守礼法。

子曰："君子博学于文，约之以礼，亦可以弗畔
zǐ yuē **jūn zǐ bó xué yú wén** **yuē zhī yǐ lǐ** **yì kě yǐ fú pàn**

（叛）矣夫。"
yǐ fú

【译文】孔子说："君子广泛地学习文献知识，再用礼法规范加以约束，也就可以不离经叛道了。"

博施济众
bó shī jì zhòng

[解释] 博：广泛。济：救济。给予群众以恩惠和接济。

己欲立而立人，己欲达而达人〈格〉
jǐ yù lì ér lì rén **jǐ yù dá ér dá rén**

[解释] 自己想要成立，也要使别人成立；自己想要通达，也要使别人通达。指要像关心自己一样地关心别人。

能近取譬
néng jìn qǔ pì

[解释] 譬：打比方；比喻。能就自身打比方。指能设身处地，推己及人，替别人着想。

子贡曰："如有博施于民而能济众，何如？可谓
zǐ gòng yuē **rú yǒu bó shī yú mín ér néng jì zhòng** **hé rú** **kě wèi**

仁乎？"子曰："何事于仁！必也圣乎！尧舜其犹病
rén hū **zǐ yuē** **hé shì yú rén** **bì yě shèng hū** **yáo shùn qí yóu bìng**

诸！夫仁者，己欲立而立人，己欲达而达人。能近取譬，
zhū **fú rén zhě** **jǐ yù lì ér lì rén** **jǐ yù dá ér dá rén** **néng jìn qǔ pì**

可谓仁之方也已。"
kě wèi rén zhī fāng yě yǐ

【译文】子贡说：“假如有一个人，他能广泛地给百姓好处，能周济大众，怎么样？可以算是仁人了吗？”孔子说：“岂止是仁人，简直是圣人了！就连尧、舜尚且难以做到啊！至于仁人，就是自己要站得住，同时也使别人站得住；自己要事事行得通，同时也使别人事事行得通。凡事能就近以自己作比，而推己及人，可以说就是实践仁道的方法了。”

述而第七

◆ **述 而 不 作**
_{shù ér bú zuò}

【解释】述：陈述。作：创作。指只阐述前人理论、学说，自己并无创见。

◆ **信 而 好 古**
_{xìn ér hào gǔ}

【解释】信：相信。好：爱好。相信并爱好古代的事物。

子曰："述而不作，信而好古，窃比于我老彭。"

【译文】孔子说："传述而不创作，相信并且喜欢古代文化，我私下里把自己比作老彭（一说为老子和彭两个不同的人，一说为孔子的亲密友人）。"

◆ **学 而 不 厌 ， 诲 人 不 倦**
_{xué ér bú yàn hùi rén bú juàn}

【解释】对自己，要勤奋学习不满足；对别人，要耐心教诲不厌倦。指为学与教学，都必须保持始终不懈的精神。

子曰："默而识（志）之，学而不厌，诲人不倦，何有于我哉？"

【译文】孔子说："默默地（把知识）记在心里，努力学习不觉得厌烦，教导别人不知道疲倦，这些事情我做到了哪些呢？"

梦见周公

【解释】 周公：周文王的儿子，武王的弟弟，中国古代的圣人之一。古人用"梦周"缅怀先贤。现作为睡觉、做梦的代称，俗语"梦周公""去见周公"。

子曰："甚矣，吾衰也！久矣，吾不复梦见周公！"

【译文】 孔子说："我衰老得很厉害了，我好久没有梦见周公了！"

志于道，据于德，依于仁，游于艺 〈格〉

【解释】 以道为志向，以德为根据，以仁为依靠，以艺为活动。

子曰："志于道，据于德，依于仁，游于艺。"

【译文】 孔子说："志向在'道'，根据在'德'，依托在'仁'，而游憩于'礼、乐、射、御、书、数'六艺之中。"

举一反三

【解释】 反：推理，类推。举出一件事情就可以类推出其他许多事理。比喻善于推理，能由此知彼，触类旁通。

子曰："不愤不启，不悱不发。举一隅不以三隅反，则不复也。"

【译文】 孔子说："教导学生，不到他想弄明白而不得的时候，不去开导他；不到他想说出来却说不出的时候，不去启发他。教给他一个方面的东西，他却不能由此而推知其他三个方面的东西，那就不再教他了。"

yòng xíng shě cáng
◆ 用行舍藏

解释 用：任用。舍：不被任用。行：做事。藏：隐退。形容一个人的处世态度，当为世所用时，则积极努力地去做，当不为世所用时，则退而隐居起来。也作"用舍行藏"。

bào hǔ píng hé
◆ 暴虎冯河

解释 暴虎：空手和老虎搏斗。冯河：徒步涉水过河。比喻有勇无谋，鲁莽冒险。

zǐ wèi yán yuān yuē　　yòng zhī zé xíng　　shě zhī zé cáng　　wéi wǒ yǔ ěr yǒu
子谓颜渊曰："用之则行，舍之则藏，惟我与尔有

shì fú
是夫！"

zǐ lù yuē　　　　zǐ xíng sān jūn　　zé shuí yǔ
子路曰："子行三军，则谁与？"

zǐ yuē　　　　bào hǔ píng hé　　sǐ ér wú huǐ zhě　　wú bù yǔ yě　　bì yě
子曰："暴虎冯河，死而无悔者，吾不与也。必也

lín shì ér jù　　hǎo móu ér chéng zhě yě
临事而惧，好谋而成者也。"

【译文】孔子对颜渊说："用我，就做起来；不用我，就隐藏起来。只有我和你才能做到这样吧！"

子路问孔子说："老师如果统帅三军，那么您会和谁在一起共事呢？"

孔子说："空手和老虎搏斗，徒步涉水过河，死了都不会后悔的人，我是不会和他一起共事的。我要找的，一定是遇事小心谨慎，善于谋划而能完成任务的人。"

cóng wú suǒ hào
◆ 从吾所好

解释 从：听从，顺从。吾：我。好：爱好。遵从自己的爱好行事。

34

子曰："富而可求也，虽执鞭之士，吾亦为之。如不可求，从吾所好。"

【译文】孔子说："财富如果是可以求得的，即使是执鞭这样的低级职务，我也愿意担任。如果不可以求得，那就按照我所爱好的行事吧。"

◆ 三 月 不 知 肉 味

解释 很长时间内吃肉不觉得有味道。比喻集中注意力于某一事物而忘记了其他事情。也借用来形容清贫，几个月不吃肉。

子在齐闻《韶》，三月不知肉味。曰："不图为乐之至于斯也。"

【译文】孔子在齐国听到了《韶》乐，有很长时间尝不出肉的滋味。他说："想不到欣赏音乐竟到了这种境界！"

◆ 求 仁 得 仁

解释 求仁德便得到仁德。比喻理想和愿望得以实现。

冉有曰："夫子为卫君乎？"子贡曰："诺；吾将问之。"

入，曰："伯夷、叔齐何人也？"曰："古之贤人也。"曰："怨乎？"曰："求仁而得仁，又何怨？"

出，曰："夫子不为也。"

【译文】冉有说："老师赞成卫国的国君吗？"子贡说："好吧，我去问问他。"

于是就进去问孔子："伯夷、叔齐是什么样的人呢？"孔子说："是古代的贤人。"子贡又问："他们有怨悔吗？"孔子说："他们求仁德而得到了仁德，又有什么怨悔呢？"

子贡出来，对冉有说："老师不赞成卫君。"

疏食饮水
shū shí yǐn shuǐ

解释 疏：粗疏。指粗茶淡饭，饮食简单。形容生活俭朴。

曲肱而枕
qū gōng ér zhěn

解释 肱：胳膊由肘到肩的部分，泛指胳膊。枕着弯曲的胳膊睡。形容人生活恬淡，无忧无虑。

乐在其中
lè zài qí zhōng

解释 喜欢做某事，并在其中获得乐趣。

富贵浮云
fù guì fú yún

解释 用不正当的手段获取的富贵，就像是天上的浮云一样轻飘。比喻把金钱、地位看得很轻。

子曰："饭疏食饮水，曲肱而枕之，乐亦在其中矣。不义而富且贵，于我如浮云。"

【译文】孔子说："吃粗粮，喝白水，弯着胳膊当枕头，乐趣也就在这中间了。用不正当的手段得来的富贵，对于我来讲就像是天上的浮云一样。"

◆ **fā fèn wàng shí**
发 愤 忘 食

解 释 努力学习或工作，连吃饭都忘记了。形容十分勤奋。

◆ **lè yǐ wàng yōu**
乐 以 忘 忧

解 释 由于快乐而忘记了忧愁。

◆ **bù zhī lǎo zhī jiāng zhì**
不 知 老 之 将 至

解 释 不知道老年即将来临。形容人全身心投入工作，忘掉了自己的衰老。

shè gōng wèn kǒng zǐ yú zǐ lù　　zǐ lù bú duì　　zǐ yuē　　　　rǔ
叶 公 问 孔 子 于 子 路 ， 子 路 不 对 。 子 曰 ： " 女

xī bù yuē　　　qí wéi rén yě　　fā fèn wàng shí　　lè yǐ wàng yōu　　bù
（汝）奚 不 曰 ， 其 为 人 也 ， 发 愤 忘 食 ， 乐 以 忘 忧 ， 不

zhī lǎo zhī jiāng zhì yún ěr
知 老 之 将 至 云 尔 。 "

【译文】叶公向子路问孔子是个什么样的人，子路不回答。孔子对子路说："你为什么不这样说：他这个人，发愤用功，把吃饭都忘了，快乐得把忧愁都忘了，连自己快要老了都不知道，如此而已。"

◆ **shēng ér zhī zhī**
生 而 知 之

解 释 生下来就懂得知识和道理，被人们认为天生的聪明。

◆ **hào gǔ mǐn qiú**
好 古 敏 求

解 释 好：喜爱，喜好。古：这里指古学。敏：勤敏。意为喜好古代文化而勤勉求学。

zǐ yuē　　　　wǒ fēi shēng ér zhī zhī zhě　　hào gǔ　　mǐn yǐ qiú zhī
子 曰 ： " 我 非 生 而 知 之 者 ， 好 古 ， 敏 以 求 之

zhě yě
者 也 。 "

【译文】孔子说："我不是天生就有学识的人，而是爱好古代文化，勤勉求学获取知识的人。"

怪 力 乱 神
guài lì luàn shén

解 释 指关于怪异、勇力、悖乱、鬼神之事。泛指违背常理或不易解说的事。

zǐ bù yǔ guài lì luàn shén
子不语：怪、力、乱、神。

【译文】孔子不愿意谈论怪、力、乱、神之类的事。

三 人 行 ， 必 有 我 师 焉 〈格〉
sān rén xíng bì yǒu wǒ shī yān

解 释 几个人聚集在一起，其中必定有人可以做我的老师。指应该不耻下问，虚心学习别人的优点和长处。

择 善 而 从
zé shàn ér cóng

解 释 从：跟从，引申为学习。选择好的人或言行，去跟从或听从。

择 其 善 者 而 从 之 ， 其 不 善 者 而 改 之 〈格〉
zé qí shàn zhě ér cóng zhī qí bú shàn zhě ér gǎi zhī

解 释 选取那些优点而学习，看出那些缺点而改正。

zǐ yuē sān rén xíng bì yǒu wǒ shī yān zé qí shàn zhě ér cóng zhī
子曰："三人行，必有我师焉。择其善者而从之，
qí bú shàn zhě ér gǎi zhī
其不善者而改之。"

【译文】孔子说："几个人一起走路，其中一定有人可以做我的老师：我选择他的优点而学习，看出他的缺点作为借鉴而改正。"

38

jūn　zǐ　tǎn　dàng dàng　　　xiǎo rén cháng qī　qī
◆ **君 子 坦 荡 荡 ， 小 人 长 戚 戚** 〈格〉

解 释 荡荡：形容博大宽广。戚戚：形容忧苦悲伤。君子胸怀坦荡，无忧无惧；小人经常烦恼，患得患失。

　　zǐ　yuē　　　　jūn zǐ tǎn dàng dàng　xiǎo rén cháng qī qī
　　子曰：“君子坦 荡 荡 ，小 人 长 戚 戚。”

【译文】孔子说：“君子心胸坦坦荡荡，小人经常忧虑重重。”

◆ **而今而后**
ér jīn ér hòu

解释 而：语助词。从今以后。

曾子有疾，召门弟子曰："启予足！启予手！
zēng zǐ yǒu jí　zhào mén dì zǐ yuē　　　qǐ yú zú　　qǐ yú shǒu

《诗》云：'战战兢兢，如临深渊，如履薄冰。'而今
shī yún　　zhànzhànjīngjīng　rú lín shēn yuān　rú lǚ bó bīng　　　　ér jīn

而后，吾知免夫！小子！"
ér hòu　wú zhī miǎn fú　xiǎo zǐ

【译文】曾子病了，把学生召集起来，说："看看我的脚！看看我的手！看看有没有损伤。《诗经》上说：'小心谨慎，就像站在深渊之旁，就像踩在薄冰之上。'从今以后，我知道我可以免受损伤了，学生们！"

◆ **人之将死，其言也善**
rén zhī jiāng sǐ　qí yán yě shàn

解释 之：到。人到临死，他说的话是真心话，是善意的。

曾子有疾，孟敬子问之。曾子言曰："鸟之将
zēng zǐ yǒu jí　mèng jìng zǐ wèn zhī　zēng zǐ yán yuē　niǎo zhī jiāng

死，其鸣也哀；人之将死，其言也善。君子所贵乎道
sǐ　qí míng yě āi　rén zhī jiāng sǐ　qí yán yě shàn　jūn zǐ suǒ guì hū dào

者三：动容貌，斯远暴慢矣；正颜色，斯近信
zhě sān　dòng róng mào　sī yuǎn bào màn yǐ　zhèng yán sè　sī jìn xìn

矣；出辞气，斯远鄙倍（背）矣。笾豆之事，则有司存。"
yǐ　chū cí qì　sī yuǎn bǐ bèi　　yǐ　biān dòu zhī shì　zé yǒu sī cún

40

【译文】曾子病了，孟敬子来探问他。曾子说："鸟快死时，叫声是悲哀的；人快死时，说话是善意的。君子所重视的有三个方面：整肃仪容，就可以远离粗暴无理；端正脸色，就容易得到人的信任；言谈优雅，就可以避免庸俗背理。礼仪方面的事，自有主管人员负责。"

犯而不校

解释 犯：触犯。校：计较。别人冒犯了自已也不计较。

曾子曰："以能问于不能，以多问于寡；有若无，实若虚；犯而不校——昔者吾友尝从事于斯矣。"

【译文】曾子说："有才能却向没有才能的人请教，知识丰富却向知识缺少的人请教；有学问却像没学问一样，很充实却好像很空虚一样；被人触犯、欺侮却不计较——从前我的朋友便曾这样做过了。"

任重道远

解释 任：负担。道：路途。任务繁重，路途漫长。比喻责任重大，要经历长期的奋斗。

死而后已

解释 已：停止。一直到死才罢休。形容奋斗终生，尽献一切力量。

曾子曰："士不可以不弘毅，任重而道远。仁以为己任，不亦重乎？死而后已，不亦远乎？"

【译文】曾子说："读书人不可以不心胸宽广，刚强而有毅力，因为他责任重大，道路遥远。把实现仁德作为自己的责任，难道还不重大吗？奋斗终生，至死方休，难道还不遥远吗？"

dǔ xìn hào xué
◈ 笃 信 好 学

解释 笃信：忠实地信仰。指对道德和事业抱有坚定的信心，勤奋学习。

zǐ yuē　　　　dǔ xìn hào xué　shǒu sǐ shàn dào　　wēi bāng bú rù　luàn bāng
子曰："笃信好学，守死善道。危邦不入，乱 邦

bù jū　tiān xià yǒu dào zé xiàn　　　　　　wú dào zé yǐn　bāng yǒu dào　pín qiě
不居。天下有道则见（现），无道则隐。邦有道，贫且

jiàn yān　chǐ yě　bāng wú dào　fù qiě guì yān　chǐ yě
贱焉，耻也；邦无道，富且贵焉，耻也。"

【译文】孔子说："坚定信念并努力学习，誓死守卫并完善弘扬治国与为人之道。不进入政局不稳的国家，不居住在动乱的国家。天下有道就出来做官；天下无道就隐居不出。国家有道而自己贫贱，是耻辱；国家无道而自己富贵，也是耻辱。"

bú zài qí wèi　　　bù móu qí zhèng
◈ 不 在 其 位 ， 不 谋 其 政

解释 位：职位。谋：谋划。不担任那个职位，就不谋划与之相关的事务。

zǐ yuē　　bú zài qí wèi　bù móu qí zhèng
子曰："不在其位，不谋其政。"

【译文】孔子说："不在那个职位上，就不考虑那个职位上的事。"

sān fēn tiān xià yǒu qí èr
◈ 三 分 天 下 有 其 二

解释 这里指得了天下的三分之二。泛指势力强大。

舜有臣五人而天下治。武王曰："予有乱臣十人。"孔子曰："才难，不其然乎？唐虞之际，于斯为盛。有妇人焉，九人而已。三分天下有其二，以服事殷。周之德，其可谓至德也已矣。"

【译文】舜有五位贤臣，就能治理好天下。周武王也说过："我有十位帮我治理天下的贤臣。"孔子因此说："人才难得，难道不是这样吗？唐尧虞舜以来，周武王时期，人才最盛。武王的贤臣中还有妇女，男的实际上只有九个人。周文王得了天下的三分之二，仍然事奉殷朝。周朝的道德，可以说是最高境界了。"

子罕第九

◆ **毋意，毋必，毋固，毋我** 〈格〉

解释 毋：不，不要。意：通"臆"，主观地揣测。必：绝对。固：固执。我：自我，自以为是。不凭空臆测，不武断绝对，不固执拘泥，不自以为是。

子绝四——毋意，毋必，毋固，毋我。

【译文】孔子杜绝四种毛病——不凭空臆测，不武断绝对，不拘泥固执，不自以为是。

◆ **空空如也**

解释 如：相当于"……的样子"。也：语气词。空空的，什么也没有。

◆ **叩其两端**

解释 叩：叩问，询问。端：事物的一头。两端：事物始终、正反、本末等两头。面对问题，抓住两端，不断追问，深入探究，指能够完全理解认识问题。

子曰："吾有知乎哉？无知也。有鄙夫问于我，空空如也。我叩其两端而竭焉。"

【译文】孔子说："我有足够的知识吗？没有。有一个乡下人问我，我对他的问题一点也不知道。我从他那个问题的首尾两头去盘问，（弄清来龙去脉）然后尽量地告诉他。"

yǎng zhī mí gāo

◆ 仰之弥高

解释 仰：脸向上。弥：更加。愈仰望愈觉得其崇高。表示极其敬仰之意。

zhān qián hū hòu

◆ 瞻前忽后

解释 瞻：视，望。看着在前面，忽然又在后面，形容难以捉摸。

xún xún shàn yòu

◆ 循循善诱

解释 循循：有步骤的样子。善于一步步地引导别人学习。

yù bà bù néng

◆ 欲罢不能

解释 罢：停止。想停也停不下来。表示不由自主。

　yán yuān kuì rán tàn yuē　　　yǎng zhī mí gāo　zuān zhī mí jiān　zhān zhī zài
颜渊喟然叹曰："仰之弥高，钻之弥坚。瞻之在

qián　hū yān zài hòu　　fū zǐ xún xún rán shàn yòu rén　bó wǒ yǐ wén　yuē wǒ yǐ
前，忽焉在后。夫子循循然善诱人，博我以文，约我以

lǐ　yù bà bù néng　　jì jié wú cái　　rú yǒu suǒ lì zhuó ěr　　suī yù cóng zhī
礼，欲罢不能。既竭吾才，如有所立卓尔。虽欲从之，

mò yóu yě yǐ
末由也已。"

【译文】颜渊感叹着说："（对于老师的学问和道德）我抬头仰望，越望越觉得高；我努力钻研，越钻研越觉得深。看着似乎在前面，忽然又像在后面。老师善于一步一步地诱导我，用各种文献来丰富我的知识，又用各种礼节来约束我的言行，使我想停止学习都不可能。即便我用尽了我的才力，仍好像有一个十分高大的东西立在我前面。虽然我想要追随上去，却找不到前进的路径啊。"

◆ 善贾而沽
shàn jià ér gū

【解释】善贾：贾通"价"，好价钱。沽：卖出去。等待好价钱出售。比喻怀才者等待有人重用才出来做事。

◆ 韫椟而藏
yùn dú ér cáng

【解释】韫：收藏。椟：木柜，匣子。把东西放在柜里藏起来，旧时比喻怀才隐退。

子贡曰："有美玉于斯，韫椟而藏诸？求善贾（价）而沽诸？"子曰："沽之哉！沽之哉！我待贾者也。"

zǐ gòng yuē　　yǒu měi yù yú sī　　yùn dú ér cáng zhū　　qiú shàn jià
ér gū zhū　　zǐ yuē　　gū zhī zāi　　gū zhī zāi　　wǒ dài gǔ zhě yě

【译文】子贡说："这里有一块美玉，是把它放在柜子里藏起来呢，还是等一个好价钱卖掉呢？"孔子说："卖掉吧，卖掉吧！我正在等着识货的人呢。"

46

◆ 何陋之有
hé lòu zhī yǒu

【解释】陋：粗劣，狭小。有什么简陋的呢？表示不嫌生活条件环境简陋。

子欲居九夷。或曰："陋，如之何？"子曰："君子居之，何陋之有？

zǐ yù jū jiǔ yí　　huò yuē　　lòu　　rú zhī hé　　zǐ yuē　　jūn zǐ
jū zhī　　hé lòu zhī yǒu

【译文】孔子想要搬到九夷地方去居住。有人说："那地方条件落后、文化闭塞，怎么能去住呢？"孔子说："有君子去住在那里，还有什么闭塞落后呢？"

各 得 其 所
gè dé qí suǒ

解 释 所：处所，位置。原指各人如其所愿，都得到满足。现多指每个人或事物都得到恰当的位置或安排。

子曰："吾自卫反（返）鲁，然后乐正，《雅》《颂》各得其所。"
zǐ yuē wú zì wèi fǎn lǔ rán hòu yuè zhèng yǎ sòng gè dé qí suǒ

【译文】孔子说："我从卫国回到鲁国，才把音乐整理出来，《雅》《颂》各有适当的位置。"

逝 者 如 斯
shì zhě rú sī

解 释 逝：流逝。斯：这。流逝的时光像这河水一样，一去不复返。

不 舍 昼 夜
bù shě zhòu yè

解 释 舍：停止。本指河水日夜不停地流动。比喻夜以继日。多形容勤奋努力，不分昼夜地工作或学习。

子在川上，曰："逝者如斯夫！不舍昼夜。"
zǐ zài chuān shàng yuē shì zhě rú sī fú bù shě zhòu yè

【译文】孔子在河边，感慨地说："消逝的时光就像这河水一样啊！日夜不停地向前流去。"

为 山 止 篑
wéi shān zhǐ kuì

解 释 篑：盛土的筐，指一筐土。用土堆山，只差一筐土却停下来。比喻功败垂成。

子曰："譬如为山，未成一篑，止，吾止也。譬如平地，虽覆一篑，进，吾往也。"
zǐ yuē pì rú wéi shān wèi chéng yí kuì zhǐ wú zhǐ yě pì rú píng dì suī fù yí kuì jìn wú wǎng yě

【译文】孔子说："比如堆土成山，只差一筐土就完成了，这时停下来，那是我自己要停下来的；比如在平地上堆山，虽然只刚刚倒下一筐土，这时继续前进，那是我自己要坚持的。"

xiù ér bù shí
秀 而 不 实

解释 秀：禾类植物开花。实：果实。只开花，不结果。比喻才能出众，实际并无成就。

zǐ yuē　　　　miáo ér bú xiù zhě yǒu yǐ fú　　　xiù ér bù shí zhě yǒu
子曰："苗而不秀者有矣夫！秀而不实者有
yǐ fú
矣夫！"

【译文】孔子说："庄稼出了苗，而不能吐穗开花的情况是有的；吐穗开花而不能结果实的情况也是有的。"

hòu shēng kě wèi
后 生 可 畏

解释 后生：年轻人。畏：敬畏。指年轻人可以超越前辈，他们是值得敬畏的。

zǐ yuē　　　　hòu shēng kě wèi　　yān zhī lái zhě zhī bù rú jīn yě　　sì shí
子曰："后生可畏，焉知来者之不如今也？四十、
wǔ shí ér wú wén yān　　sī yì bù zú wèi yě yǐ
五十而无闻焉，斯亦不足畏也已。"

【译文】孔子说："年轻人是值得敬畏的，怎能断定他们的将来赶不上现在的人呢？一个人到了四五十岁还默默无闻，那他就没有什么可以敬畏的了。"

sān jūn kě duó shuài yě　　　pǐ fū bù kě duó zhì yě
三 军 可 夺 帅 也 ， 匹 夫 不 可 夺 志 也 〈格〉

解释 三军：军队的通称。三军可以迫使它丧失主帅，一个男子汉却不能迫使他放弃自己的志向。指人的志向容不得强制更改。

zǐ yuē　　　　sān jūn kě duó shuài yě　　　pǐ fū bù kě duó zhì yě
子曰："三军可夺 帅也，匹夫不可夺志也。"

【译文】孔子说："一国军队，可以夺去它的主帅；但一个男子汉，却不能强迫他放弃自己的志向。"

suì hán　　　rán hòu zhī sōng bǎi zhī hòu diāo yě
◆ 岁寒，然后知松柏之后凋也〈格〉

解 释 天最冷时，才知道松柏是耐寒的。比喻经过严峻的考验，才能识别真正的仁人志士。

zǐ yuē　　　suì hán　　rán hòu zhī sōng bǎi zhī hòu diāo yě
子曰："岁寒，然后知 松柏之后 凋也。"

【译文】孔子说："到了寒冷的季节，才知道松柏是最后凋谢的。"

zhì zhě bú huò　　rén zhě bù yōu　　yǒng zhě bú jù
◆ 智者不惑，仁者不忧，勇者不惧〈格〉

解 释 智者不会迷惑，仁者不会忧愁，勇者无所畏惧。

zǐ yuē　　zhì　　zhě bú huò　　rén zhě bù yōu　yǒng zhě bú jù
子曰："知（智）者不惑，仁 者不忧，勇 者不惧。"

【译文】孔子说："聪明的人不会迷惑，仁德的人不会忧愁，勇敢的人无所畏惧。"

乡党第十

_{kǎn kǎn ér tán}
◆ **侃 侃 而 谈**

解 释 侃侃：从容不迫的样子。形容理直气壮，从容不迫地说话。又作"侃侃而言"。

_{cháo　　yǔ xià dà fū yán　　kǎn kǎn rú yě　　yǔ shàng dà fū yán　　yín yín rú}
朝，与下大夫言，侃侃如也；与 上 大夫言，訚訚如

_{yě　　jūn zài　　cù jí rú yě　　yǔ yǔ rú yě}
也。君在，踧踖如也，与与如也。

【译文】孔子上朝的时候，（国君还没有到来，）同下大夫说话，温和而快乐的样子；同上大夫说话，正直而恭敬的样子；国君已经来了，恭敬而心中不安，但又仪态适中的样子。

_{jū　gōng bǐng qì}
◆ **鞠 躬 屏 气**

解 释 鞠躬：弯着身子。屏气：屏住气息。指弯腰屈体、屏住呼吸，形容恭敬谨慎的样子。

_{rù gōng mén　　jū gōng rú yě　　rú bù róng}
入公门，鞠躬如也，如不容。

_{lì bù zhōng mén　　xíng bù lǚ yù}
立不中门，行不履阈。

_{guò wèi　　sè bó rú yě　　zú jué rú yě　　qí yán sì bù zú zhě}
过位，色勃如也，足躩如也，其言似不足者。

_{shè zī shēng táng　　jū gōng rú yě　　bǐng qì sì bù xī zhě}
摄齐升 堂，鞠躬如也，屏气似不息者。

chū jiàng yì děng chěng yán sè   yí yí rú yě
出，降一等，逞颜色，怡怡如也。

mò jiē   qū jìn   yì rú yě
没阶，趋进，翼如也。

fù qí wèi   cù jí rú yě
复其位，踧踖如也。

【译文】孔子走进朝堂的大门，姿态小心谨慎，好像没有容身之地。

他不站在门的中间，进门时不踩门槛。

经过国君的座位时，脸色变得庄重起来，脚步轻盈，说话声音低柔像气力不足。

国君升堂议事时，他提起衣服下摆，恭敬地前倾，屏气凝神像不呼吸一般。

走出来，下了一级台阶后，面色舒展，怡然自得。

走完台阶后，快步向前，好像鸟儿展翅。

回到自己的位置，又是恭敬而谨慎的样子。

shí bú yàn jīng   kuài bú yàn xì
◆ **食不厌精，脍不厌细**

解释 厌：满足。脍：切细的肉。不嫌粮食加工得太精，不嫌肉丝切得太细，即越精细越好。形容饮食讲究。

yú něi ròu bài
◆ **鱼馁肉败**

解释 馁：本意指饥饿，也指鱼腐臭变质。败：指肉腐烂。鱼烂肉腐。泛指变质的食物。

shí bú yàn jīng   kuài bú yàn xì
食不厌精，脍不厌细。

shí yì ér ài   yú něi ér ròu bài   bù shí   sè è   bù shí   xiù
食饐而餲，鱼馁而肉败，不食。色恶，不食。臭

è bù shí   shī rèn   bù shí   bù shí   bù shí   gē bú zhèng bù shí   bù
恶，不食。失饪，不食。不时，不食。割不正，不食。不

dé qí jiàng   bù shí
得其酱，不食。

ròu suī duō　　bù shǐ shèng shí qì
肉虽多，不使胜食气。

wéi jiǔ wú liàng　　bù jí luàn
唯酒无量，不及乱。

gū jiǔ shì fǔ　　bù shí
沽酒市脯，不食。

bù chè jiāng shí　　bù duō shí
不撤姜食，不多食。

【译文】粮食不嫌舂得精，鱼和肉不嫌切得细。

粮食发霉变质，鱼和肉腐烂发臭，都不吃。食物颜色难看，不吃。气味难闻，不吃。烹调不当，不吃。不合时令的东西（或"不到该当饮食的时候"），不吃。不按一定方法切割的肉，不吃。作料放得不适当，不吃。

席上的肉虽多，但吃的量不超过米面主食。

只有酒不限量，但不喝醉。

从市上买来的肉干和酒，不吃。

每餐须得有姜，但也不多吃。

52

shí bù yǔ　　qǐn bù yán
◆ **食不语，寝不言** 〈格〉

解释 食：吃。寝：睡。吃饭时不交谈，睡觉时不说话。

shí bù yǔ　　qǐn bù yán
食不语，寝不言。

【译文】吃饭的时候不交谈，睡觉的时候不说话。

先进第十一

◆ 三复白圭
sān fù bái guī

解 释 白圭：也作"白珪"，白玉制的礼器，这里指《白圭》之诗——"白圭之玷，尚可磨也；斯言之玷，不可为也"：白玉被玷污了，可以把它磨去，而说错了话，则无法挽回。三复：表示多，反复多次。反复诵读"白圭之玷"之诗，用以告诫自己说话要谨慎。形容慎于言行。

nán róng sān fù bái guī　kǒng zǐ yǐ qí xiōng zhī zǐ qì zhī
南容三复白圭，孔子以其兄之子妻之。

【译文】南容反复诵读《白圭》之诗，孔子把兄长的女儿嫁给了他。

◆ 不得其死
bù dé qí sǐ

解 释 不得：不能得到，得不到。指人不得好死。后也指对别人的诅咒。

mǐn zǐ shì cè　yín yín rú yě　　zǐ lù　hàng hàng rú yě　răn yǒu　zǐ
闵子侍侧，訚訚如也；子路，行行如也；冉有、子
gòng　kǎn kǎn rú yě　zǐ lè　　ruò yóu yě　bù dé qí sǐ rán
贡，侃侃如也。子乐。"若由也，不得其死然。"

【译文】闵子骞站在孔子身旁，恭敬温顺的样子；子路，刚烈坚强的样子；冉有、子贡，温和快乐的样子。孔子高兴起来了。但孔子又说："像仲由（子路的姓名）这样，只怕不得善终。"

一 仍 旧 贯
yī réng jiù guàn

[解释] 一：都，全。仍：因袭，依照。贯：惯例，习惯的办法。一切按照旧有的惯例行事。比喻只照老规矩办事，没有丝毫改变。

言 必 有 中
yán bì yǒu zhòng

[解释] 中：正对上。指说话中肯，一说就能说到点子上。

鲁人为长府。闵子骞曰："仍旧贯，如之何？何必改作？"子曰："夫人不言，言必有中。"

【译文】鲁国翻修长府的国库。闵子骞说："照老样子下去，怎么样？为什么一定要翻造呢？"孔子说："这个人平日不大开口，一开口就说到点子上。"

升 堂 入 室
shēng táng rù shì

[解释] 古代房舍，前为堂后为室。登上厅堂，进入内室。比喻学习程度由浅而深。后多用来赞扬人的学问或技能达到很高的境界。又作"登堂入室。"

子曰："由之瑟，奚为于丘之门？"门人不敬子路。子曰："由也升堂矣，未入于室也。"

【译文】（子路性情刚烈，弹瑟的音调也不够平和，）孔子说："仲由弹瑟，为什么在我这里弹呢？"孔子的学生们因此都不尊敬子路。孔子便说："仲由嘛，他的修养造诣已经达到升堂的程度了，只是还没有入室罢了。"

过 犹 不 及
guò yóu bù jí

解释 犹：如同。及：达到。指事情做得过了头，就跟做得不够一样，都是不合适的。

子贡问："师与商也孰贤？"子曰："师也过，商也不及。"

曰："然则师愈与（欤）？"子曰："过犹不及。"

【译文】子贡问孔子："子张和子夏两个人，谁更强一些呢？"孔子回答说："子张呢，有些过头了；子夏呢，还有些不够。"

子贡说："那么是子张强一些吗？"孔子说："过分和不足同样不好。"

鸣 鼓 而 攻
míng gǔ ér gōng

解释 鸣鼓：击鼓。攻：谴责；声讨。敲响战鼓，一起来攻击他。比喻大张旗鼓地声讨。也作"鸣鼓而攻之。"

季氏富于周公，而求也为之聚敛而附益之。子曰："非吾徒也。小子鸣鼓而攻之，可也。"

【译文】季氏比周朝的公侯还要富有，而冉求还帮他搜刮百姓，积敛钱财增加更多的财富。孔子说："冉求不是我的学生，你们可以大张旗鼓地去声讨他！"

颜渊第十二

◆ kè jǐ fù lǐ
克 己 复 礼

[解 释] 克：克制。礼：儒家的社会规范和道德规范。指克制约束自己，使言语行动都符合礼法。

◆ wéi rén yóu jǐ
为 仁 由 己

[解 释] 实行仁德，完全在于自己。表示做好事全凭自己作出决定。

◆ fēi lǐ wù shì fēi lǐ wù tīng fēi lǐ wù yán fēi lǐ wù dòng
非礼勿视，非礼勿听，非礼勿言，非礼勿动 〈格〉

[解 释] 不合于礼的不要看，不合于礼的不要听，不合于礼的不要说，不合于礼的不要做。

---

yán yuān wèn rén　　zǐ yuē　　　kè jǐ fù lǐ wéi rén　　yī rì kè jǐ fù

颜渊问仁。子曰："克己复礼为仁。一日克己复

lǐ　　tiān xià guī rén yān　　wéi rén yóu jǐ　　ér yóu rén hū zāi

礼，天下归仁焉。为仁由己，而由人乎哉？"

yán yuān yuē　　　qǐng wèn qí mù　　　zǐ yuē　　　fēi lǐ wù shì　　fēi

颜渊曰："请问其目。"子曰："非礼勿视，非

lǐ wù tīng　　fēi lǐ wù yán　　fēi lǐ wù dòng

礼勿听，非礼勿言，非礼勿动。"

yán yuān yuē　　　huí suī bù mǐn　　qǐng shì sī yǔ yǐ

颜渊曰："回虽不敏，请事斯语矣。"

【译文】颜渊问怎样做才是仁。孔子说："克制自己，一切言行都照着礼的要求去做，就是仁。一旦这样做了，天下的一切就都归于仁了。实行仁德，完

全在于自己，难道还在于别人吗？"

　　颜渊说："请问实行仁的纲目。"孔子说："不合于礼的不要看，不合于礼的不要听，不合于礼的不要说，不合于礼的不要做。"

　　颜渊说："我虽然愚笨，也要照您的话去做。"

◆ 不 忧 不 惧
bù yōu bú jù

（解 释）忧：忧愁。惧：害怕。不忧愁，不惧怕。

◆ 内 省 不 疚
nèi xǐng bú jiù

（解 释）省：反省。疚：对于自己的过错感到内心痛苦。反省自己，没有感到有什么内疚的事。

司马牛问君子。子曰："君子不忧不惧。"
sī mǎ niú wèn jūn zǐ　　zǐ yuē　　jūn zǐ bù yōu bú jù

曰："不忧不惧，斯谓之君子已乎？"子曰："内
yuē　　bù yōu bú jù　　sī wèi zhī jūn zǐ yǐ hū　　zǐ yuē　　nèi

省不疚，夫何忧何惧？"
xǐng bú jiù　　fú hé yōu hé jù

　　【译文】司马牛问怎样做一个君子。孔子说："君子不忧愁，不恐惧。"

　　司马牛说："不忧愁，不恐惧，这样就可以叫作君子了吗？"孔子说："自己问心无愧，那还有什么忧愁和恐惧呢？"

◆ 死 生 有 命 ， 富 贵 在 天
sǐ shēng yǒu mìng　　fù guì zài tiān

（解 释）旧时指人的生死等遭际皆由天命决定。常用作事势所至，人力不可挽回之意。

◆ 恭 而 有 礼
gōng ér yǒu lǐ

（解 释）恭：恭敬。礼：礼节。恭敬又有礼节。

◆ **四 海 之 内 皆 兄 弟**
sì hǎi zhī nèi jiē xiōng dì

解释 四海：指天下。天下的人都像兄弟一样。常形容无论到何处都有人愿意帮助你。

司马牛忧曰："人皆有兄弟，我独亡（无）。"子
sī mǎ niú yōu yuē　　rén jiē yǒu xiōng dì　　wǒ dú wú　　zǐ

夏曰："商闻之矣：死生有命，富贵在天。君子敬而
xià yuē　　shāng wén zhī yǐ　　sǐ shēng yǒu mìng　　fù guì zài tiān　　jūn zǐ jìng ér

无失，与人恭而有礼，四海之内皆兄弟也。君子何患
wú shī　　yǔ rén gōng ér yǒu lǐ　　sì hǎi zhī nèi jiē xiōng dì yě　　jūn zǐ hé huàn

乎无兄弟也？"
hū wú xiōng dì yě

【译文】司马牛忧愁地说："别人都有兄弟，唯独我没有。"子夏说："我听说过：死生听从命运，富贵由天安排。君子只要对待所做的事情严肃认真，不出差错，对人恭敬合乎礼节，那么，天下人就都是自己的兄弟了——君子何愁没有兄弟呢？"

◆ **浸 润 之 谮**
jìn rùn zhī zèn

解释 谮：谗言。像水那样一点一滴渗入的谗言，不易觉察。比喻暗中诽谤别人的坏话。

◆ **肤 受 之 愬**
fū shòu zhī sù

解释 愬：同"诉"，诬告。像皮肤感觉到疼痛那样的诬告，即直接的诽谤。比喻遭受谗言，被人说了有关切身利益的坏话。

子张问明。子曰："浸润之谮，肤受之愬
zǐ zhāng wèn míng　　zǐ yuē　　jìn rùn zhī zèn　　fū shòu zhī sù

（诉），不行焉，可谓明也已矣。浸润之谮，肤受之愬
bù xíng yān　　kě wèi míng yě yǐ yǐ　　jìn rùn zhī zèn　　fū shòu zhī sù

（诉），不行焉，可谓远也已矣。"
bù xíng yān　　kě wèi yuǎn yě yǐ yǐ

【译文】子张问什么是明智。孔子说："暗中传播的谗言，切身感受的诽谤，在你这里都行不通，就可以称得上明智了。暗中传播的谗言，切身感受的诽谤，在你这里都行不通，就可以说是有远见了。"

足食足兵
zú shí zú bīng

解 释 食：粮食。兵：武器。粮食充足，武备修整。

必不得已
bì bù dé yǐ

解 释 必：必须，必然。必须如此，不得不这样做。表示无可奈何的意思，又作"迫不得已"。

民无信不立 〈格〉
mín wú xìn bú lì

解 释 百姓对政府没有足够的信任，这个国家就难以治理了。

子贡问政。子曰："足食，足兵，民信之矣。"
zǐ gòng wèn zhèng zǐ yuē zú shí zú bīng mín xìn zhī yǐ

子贡曰："必不得已而去，于斯三者何先？"曰：
zǐ gòng yuē bì bù dé yǐ ér qù yú sī sān zhě hé xiān yuē

"去兵。"
qù bīng

子贡曰："必不得已而去，于斯二者何先？"曰：
zǐ gòng yuē bì bù dé yǐ ér qù yú sī èr zhě hé xiān yuē

"去食。自古皆有死，民无信不立。"
qù shí zì gǔ jiē yǒu sǐ mín wú xìn bú lì

【译文】子贡问怎样治理国家。孔子说："充足粮食，充足军备，百姓就对政府信任了。"

子贡说："如果迫不得已，在粮食、军备和人民的信任中不得不去掉一项，那么在这三项中先去掉哪一项呢？"孔子说："去掉军备。"

子贡说："如果不得不再去掉一项，那么在这两项中去掉哪一项呢？"孔子说："去掉粮食。自古以来人总是要死的，如果老百姓对政府不信任，那么国家就难以治理了。"

sì bù jí shé
驷 不 及 舌

解释 驷：古代同驾一辆车的四匹马；或套着四匹马的车。一句话说出口，四匹马拉的车也追不回。比喻一句话说出来，再也无法收回。

jí zǐ chéng yuē　　　　jūn zǐ zhì ér yǐ yǐ　　hé yǐ wén wéi　　　　zǐ gòng
棘 子 成 曰："君 子 质 而 已 矣，何 以 文 为？" 子 贡

yuē　　　xī hū　　fū zǐ zhī shuō jūn zǐ yě　　sì bù jí shé　　wén yóu zhì yě
曰："惜 乎，夫 子 之 说 君 子 也！驷 不 及 舌。文 犹 质 也，

zhì yóu wén yě　　　hǔ bào zhī kuò yóu quǎn yáng zhī kuò
质 犹 文 也。虎 豹 之 鞟 犹 犬 羊 之 鞟。"

【译文】棘子成说："君子只要有好的本质就行了，要那些表面的文采形式干什么？"子贡说："可惜呀，先生这样谈论君子！一言既出，驷马难追。本质和文采，同等重要啊。去掉毛的虎、豹皮，和去掉毛的犬、羊皮，就很难看得出区别了。"

ài zhī yù qí shēng　　wù zhī yù qí sǐ
爱 之 欲 其 生，恶 之 欲 其 死 〈格〉

解释 爱：喜爱。恶：憎恶。喜爱一个人时，总想叫他活着；讨厌一个人时，总想叫他死掉。指极度地凭个人爱憎对待人。

zǐ zhāng wèn chóng dé biàn huò　　zǐ yuē　　　　zhǔ zhōng xìn　　xǐ yì　　chóng
子 张 问 崇 德 辨 惑。子 曰："主 忠 信，徙 义，崇

dé yě　　　ài zhī yù qí shēng wù zhī yù qí sǐ　　　jì yù qí shēng yòu yù qí sǐ
德 也。爱 之 欲 其 生，恶 之 欲 其 死。既 欲 其 生，又 欲 其 死，

shì huò yě　　　chéng bù yǐ fù　　　yì zhǐ yǐ yì
是 惑 也。'诚 不 以 富，亦 只 以 异。'"

【译文】子张问怎样提高品德，辨别迷惑。孔子说："以忠诚信实为主，遵从道义，就可以提高道德水平。爱一个人，希望他长寿；厌恶起来，就恨

不得他立刻死去。既要他长寿，又要他短命，这就是迷惑。（正如《诗经》上说：）'不是嫌贫爱富，也是见异思迁。'"

◆ **片言折狱**
piàn yán zhé yù

解释 片言：极少的几句话。折狱：判决诉讼案件。原意是能用简单的几句话判决讼事。后指能用几句话就断定双方争论的是非。

子曰："片言可以折狱者，其由也与（欤）？"
zǐ yuē   piàn yán kě yǐ zhé yù zhě   qí yóu yě yú

子路无宿诺。
zǐ lù wú sù nuò

【译文】孔子说："根据一方面的语言就可以判决案件的，大概只有子路吧？"子路说话算数，履行承诺从不拖延。

◆ **成人之美**
chéng rén zhī měi

解释 成：成全，成就。美：好事。成全或帮助别人做成好事。

◆ **君子成人之美，不成人之恶**〈格〉
jūn zǐ chéng rén zhī měi   bù chéng rén zhī è

解释 君子成全别人的好事，不助长别人的恶行。

子曰："君子成人之美，不成人之恶。小人反是。"
zǐ yuē   jūn zǐ chéng rén zhī měi   bù chéng rén zhī è   xiǎo rén
fǎn shì

【译文】孔子说："君子成全别人的好事，不助长别人干坏事。小人却与此相反。"

◆ **君子之德风，小人之德草**〈格〉
jūn zǐ zhī dé fēng   xiǎo rén zhī dé cǎo

解释 为政者的道德品质好比是风，老百姓的道德品质好比是草。

风行草偃

fēng xíng cǎo yǎn

解释 行：过，吹过。偃：卧倒，倒伏。风吹过来，草就倒伏。比喻道德文教能感化人。也比喻人们顺从形势而采取自己的行动。

季康子问政于孔子曰："如杀无道，以就有道，何如？"孔子对曰："子为政，焉用杀？子欲善而民善矣。君子之德风，小人之德草。草上之风，必偃。"

【译文】季康子问孔子为政之道，说："如果杀掉无道的人，来成全有道的人，怎么样？"孔子说："您治理政事，怎么要用杀戮呢？您想要向善，老百姓就会跟着向善。为政者的德性就像风，民众的德性就像草。风吹到草上，风向哪边吹，草就向哪边倒。"

察言观色

chá yán guān sè

解释 言：言语。色：脸色。通过观察别人的言语和脸色来揣摩别人的心意。

色仁行违

sè rén xíng wéi

解释 色：神色，样子。违：背离，不遵照。表面上主张仁德，实际行动却背道而驰。

子张问："士何如斯可谓之达矣？"子曰："何哉，尔所谓达者？"子张对曰："在邦必闻，在家必闻。"子曰："是闻也，非达也。夫达也者，质直而好

yì chá yán ér guān sè   lù yǐ xià rén   zài bāng bì dá   zài jiā bì dá   fú
义，察 言 而 观 色，虑 以 下 人。在 邦 必 达，在 家 必 达。夫

wén yě zhě   sè qǔ rén ér xíng wéi   jū zhī bù yí   zài bāng bì wén   zài jiā
闻 也 者，色 取 仁 而 行 违，居 之 不 疑。在 邦 必 闻，在 家

bì wén
必 闻。"

【译文】子张问："读书人怎样做才可以称得上达？"孔子说："你说的
达是什么意思？"子张回答说："在国君的朝廷做官必定有名望，在大夫的封
地任职也必定有名望。"孔子说："这个是闻，不是达。所谓达，是要品质正
直，遵从礼义，善于分析别人的话语，观察别人的脸色，经常想着谦恭待人。
这样的人，必定在国君的朝廷和大夫的封地里事事通达。至于闻，只是外表上
装出的仁的样子，行动上却正是违背了仁，自己还以仁者自居而不疑惑。但他
无论在国君的朝廷还是大夫的封地都可以有一定的名声。"

yì zhāo zhī fèn
◆ 一 朝 之 忿

解 释 朝：早晨。忿：气愤。一时的气愤。

fán chí cóng yóu yú wǔ yú zhī xià   yuē   gǎn wèn chóng dé   xiū
樊 迟 从 游 于 舞 雩 之 下，曰："敢 问 崇 德，修

tè biàn huò   zǐ yuē   shàn zāi wèn   xiān shì hòu dé   fēi chóng dé yú
慝，辨 惑。"子 曰："善 哉 问！先 事 后 得，非 崇 德 与

gōng qí è   wú gōng rén zhī è   fēi xiū tè yú   yì zhāo
（欤）？攻 其 恶，无 攻 人 之 恶，非 修 慝 与（欤）？一 朝

zhī fèn wàng qí shēn   yǐ jí qí qīn   fēi huò yú
之 忿，忘 其 身，以 及 其 亲，非 惑 与（欤）？

【译文】樊迟陪侍孔子在舞雩台下游玩，说："请问怎样提高品德？怎样
去除积怨？怎样辨别迷惑？"孔子说："问得好！首先努力做事，然后才有收
获，不就是提高品德了吗？批判自己的过错，而不去攻击别人的过错，不就是
去除积怨了吗？由于一时的气愤，忘记了自身的安危，甚至牵连自己的亲人，
这不就是迷惑了吗？"

yǐ wén huì yǒu

◆ 以 文 会 友

解 释 通过写文章或学术交流来结交朋友。

yǐ yǒu fǔ rén

◆ 以 友 辅 仁

解 释 辅：辅助、帮助。依靠朋友帮助自己培养仁德。

zēng zǐ yuē　　　　jūn zǐ yǐ wén huì yǒu　　yǐ yǒu fǔ rén
曾 子 曰："君 子 以 文 会 友，以 友 辅 仁。"

【译文】曾子说："君子以文章学问来结交朋友，依靠朋友来帮助自己培养仁德。"

子路第十三

名不正，言不顺
míng bú zhèng，yán bú shùn

解 释 名：名分，名义。顺：合理，顺当。名分或名义不当，说起话来就不能顺理成章。

手足无措
shǒu zú wú cuò

解 释 措：放置。手脚不知放到哪里才好。形容举动慌张或无法应付。

子路曰："卫君待子而为政，子将奚先？"
zǐ lù yuē　wèi jūn dài zǐ ér wéi zhèng　zǐ jiāng xī xiān

子曰："必也正名乎！"
zǐ yuē　bì yě zhèng míng hū

子路曰："有是哉，子之迂也！奚其正？"
zǐ lù yuē　yǒu shì zāi　zǐ zhī yū yě　xī qí zhèng

子曰："野哉，由也！君子于其所不知，盖阙如
zǐ yuē　yě zāi　yóu yě　jūn zǐ yú qí suǒ bù zhī　gài quē rú

也。名不正，则言不顺；言不顺，则事不成；事不成，则
yě　míng bú zhèng　zé yán bú shùn　yán bú shùn　zé shì bù chéng　shì bù chéng　zé

礼乐不兴；礼乐不兴，则刑罚不中；刑罚不中，则
lǐ yuè bù xīng　lǐ yuè bù xīng　zé xíng fá bú zhòng　xíng fá bú zhòng　zé

民无所错（措）手足。故君子名之必可言也，言之必可
mín wú suǒ cuò　shǒu zú　gù jūn zǐ míng zhī bì kě yán yě　yán zhī bì kě

行也。君子于其言，无所苟而已矣。"
xíng yě　jūn zǐ yú qí yán　wú suǒ gǒu ér yǐ yǐ

【译文】子路对孔子说:"卫国国君等着您去治理国政,您打算先从哪些事情做起呢?"

孔子说:"首先必须正名分。"

子路说:"有这样做的吗?您想得太不合时宜了。这名分怎么正呢?"

孔子说:"仲由,真鲁莽啊!君子对于他所不知道的事情,总是采取存疑保留的态度。名分不正,言语就不能顺理成章;言语不顺理成章,事情就很难办成;事情办不成,礼乐也就不能兴盛;礼乐不兴盛,刑罚的执行就不会得当;刑罚不得当,百姓就会惶恐不安,手脚都不知放哪里好。所以,君子一定要定下一个名分,必须能够说得明白,说出来一定能够行得通。君子对于自己的言行,是从不马马虎虎对待的。"

qí shēn zhèng　bú lìng ér xíng　qí shēn bú zhèng　suī lìng bù cóng
其身正,不令而行;其身不正,虽令不从〈格〉

解释 自身行为端正,就是不发号令,人们也会服从;自身行为不端正,纵然三令五申,人们也不会服从。指以身作则是领导下属的要领。

66

zǐ yuē　　qí shēn zhèng　bú lìng ér xíng　qí shēn bú zhèng　suī lìng
子曰:"其身正,不令而行;其身不正,虽令

bù cóng
不从。"

【译文】孔子说:"自身行为端正,即使不发布命令,百姓也会服从;自身行为不端正,即使发布了命令,百姓也不会服从。"

lǔ wèi zhī zhèng
鲁卫之政

解释 鲁是周朝周公的封国,卫是周公之弟康叔的封国,两国的政治情况像兄弟一样差不多。用以比喻情况相似、程度相同。

zǐ yuē　　lǔ wèi zhī zhèng　xiōng dì yě
子曰:"鲁卫之政,兄弟也。"

【译文】孔子说:"鲁国的政事和卫国的政事,像兄弟一样。"

胜残去杀
shèng cán qù shā

解释 胜残：感化残暴的人。去杀：废除死刑。感化残暴的人使其不再作恶，便可废除死刑。也指以德化民，太平之治。

子曰："'善人为邦百年，亦可以胜残去杀
zǐ yuē shàn rén wéi bāng bǎi nián yì kě yǐ shèng cán qù shā

矣。'诚哉是言也！"
yǐ chéng zāi shì yán yě

【译文】孔子说："'善人治理国家一百年，也就可以做到化解残暴行为，去除杀戮了。'这句话说得对啊！"

一言兴邦，一言丧邦
yì yán xīng bāng yì yán sàng bāng

解释 兴：兴盛。邦：国家。丧：丧失。指关键时刻一句话可以关系到国家的兴或亡。

定公问："一言而可以兴邦，有诸？"
dìng gōng wèn yì yán ér kě yǐ xīng bāng yǒu zhū

孔子对曰："言不可以若是其几也。人之言曰：
kǒng zǐ duì yuē yán bù kě yǐ ruò shì qí jī yě rén zhī yán yuē

'为君难，为臣不易。'如知为君之难也，不几乎一言
wéi jūn nán wéi chén bú yì rú zhī wéi jūn zhī nán yě bù jī hū yì yán

而兴邦乎？"
ér xīng bāng hū

曰："一言而丧邦，有诸？"
yuē yì yán ér sàng bāng yǒu zhū

孔子对曰："言不可以若是其几也。人之言曰：
kǒng zǐ duì yuē yán bù kě yǐ ruò shì qí jī yě rén zhī yán yuē

'予无乐乎为君，唯其言而莫予违也。'如其善而莫之
yú wú lè hū wéi jūn wéi qí yán ér mò yú wéi yě rú qí shàn ér mò zhī

67

wéi yě   bú yì shàn hū   rú bú shàn ér mò zhī wéi yě   bù jī hū yì yán

违也，不亦善乎？如不善而莫之违也，不几乎一言

ér sàng bāng hū

而丧邦乎？"

【译文】鲁定公问："一句话可以使国家兴盛，有吗？"

孔子回答说："不可能有这样的话，但有近乎于这样的话。有人说：'做君难，做臣不易。'如果知道了做君的难，这不近乎于一句话可以使国家兴盛吗？"

鲁定公又问："一句话可以使国家灭亡，有吗？"

孔子回答说："不可能有这样的话，但有近乎于这样的话。有人说：'我做国君没别的快乐，我所快乐的只在于我所说的话没有人敢于违抗。'如果说得对而没有人违抗，不也好吗？如果说得不对也没有人违抗，那不就近乎于一句话可以亡国吗？"

jìn yuè yuǎn lái

◆ **近悦远来**

解释 使近处的人受到好处而高兴，远处的人闻风就会前来投奔。

shè gōng wèn zhèng   zǐ yuē   jìn zhě yuè   yuǎn zhě lái

叶公问政。子曰："近者说（悦），远者来。"

【译文】叶公问孔子怎样治理国家。孔子说："近处的人使他高兴，远处的人自会归附。"

yù sù zé bù dá

◆ **欲速则不达**

解释 欲：要想。速：快。达：达到。一味图快，反而达不到目的。

zǐ xià wéi jǔ fù zǎi   wèn zhèng   zǐ yuē   wú yù sù   wú jiàn xiǎo

子夏为莒父宰，问政。子曰："无欲速，无见小

lì   yù sù   zé bù dá   jiàn xiǎo lì   zé dà shì bù chéng

利。欲速，则不达；见小利，则大事不成。"

【译文】子夏做了莒父的长官，问孔子怎样处理政事。孔子说："不要图快，不要贪求小利。图快反而达不到目的，贪求小利就做不成大事。"

居处恭，执事敬，与人忠〈格〉
jū chǔ gōng zhí shì jìng yǔ rén zhōng

解释 居：在生活上，在家里，平时。平时恭敬端庄，做事严肃认真，待人忠心诚意。

樊迟问仁。子曰："居处恭，执事敬，与人忠。虽之夷狄，不可弃也。"
fán chí wèn rén zǐ yuē jū chǔ gōng zhí shì jìng yǔ rén zhōng suī zhī yí dí bù kě qì yě

【译文】樊迟问怎样才是仁。孔子说："平时恭敬端庄，做事严肃认真，待人忠心诚意。这几种品德，即使到了夷狄之地，也是不能背弃的。"

行己有耻
xíng jǐ yǒu chǐ

解释 行：行动，举止。耻：羞愧。对自己的不良行为要有羞耻之心，自己认为可耻的就不去做。

言必信，行必果
yán bì xìn xíng bì guǒ

解释 信：守信用。果：果断、坚决。说话一定守信用，做事一定很果断。

斗筲之人
dǒu shāo zhī rén

解释 斗：容器，一斗十升。筲：竹器，容一斗两升。像斗、筲那样容量的人。形容人的气量狭小，见识短浅。

子贡问曰："何如斯可谓之士矣？"子曰："行己有耻，使于四方，不辱君命，可谓士矣。"
zǐ gòng wèn yuē hé rú sī kě wèi zhī shì yǐ zǐ yuē xíng jǐ yǒu chǐ shǐ yú sì fāng bù rǔ jūn mìng kě wèi shì yǐ

曰："敢问其次。"曰："宗族称孝焉，乡党
yuē gǎn wèn qí cì yuē zōng zú chēng xiào yān xiāng dǎng

称 弟（悌）焉。”

曰：“敢 问 其 次。”曰：“言 必 信，行 必 果，硁 硁
然 小 人 哉！—— 抑 亦 可 以 为 次 矣。”

曰：“今 之 从 政 者 何 如？”子 曰：“噫！斗 筲 之
人，何 足 算 也？”

【译文】子贡问道：“怎样才可以叫作士？”孔子说：“自己在做事时有知耻之心，出使外国各方，能够完成国君交给的使命，可以叫作士。”

子贡说：“请问次一等的呢？”孔子说：“宗族中的人称赞他孝顺父母，乡邻们称赞他尊敬兄长。”

子贡又问：“请问再次一等的呢？”孔子说：“说到一定做到，做事一定坚持到底，不问是非黑白地固执己见，那是小人啊。但也可以说是再次一等的士了。”

子贡说：“现在的执政者，您看怎么样？”孔子说：“唉！这些气量狭小的人，哪里能算得上呢？”

◆ **和 而 不 同**

解释 和：和睦。同：苟同。和睦相处而不盲从苟同。

子 曰：“君 子 和 而 不 同，小 人 同 而 不 和。”

【译文】孔子说：“君子讲求和谐，却不肯盲从附和。小人盲从附和，只求完全一致，而不肯表示自己的不同意见。”

泰而不骄
tài ér bù jiāo

解 释 泰：舒泰，坦然。骄：傲慢。意为态度安详舒泰，却不骄傲。

子曰："君子泰而不骄，小人骄而不泰。"
zǐ yuē jūn zǐ tài ér bù jiāo xiǎo rén jiāo ér bú tài

【译文】孔子说："君子安详坦然而不傲慢无礼，小人傲慢无礼而不安详坦然。"

刚毅木讷
gāng yì mù nè

解 释 刚：坚强。毅：果断。木：质朴。讷：说话迟钝，这里指言语谨慎。孔子称颂人的四种品质。后也指人坚毅质朴而不善辞令。

子曰："刚、毅、木、讷，近仁。"
zǐ yuē gāng yì mù nè jìn rén

【译文】孔子说："刚强、果敢、朴实、谨慎，有这四种品德的接近于仁德。"

切切偲偲
qiē qiē sī sī

解 释 切：切磋。切切：互相切磋。偲：有才能。偲偲：互相勉励、督促。指相互敬重切磋勉励。

兄弟怡怡
xiōng dì yí yí

解 释 怡怡：容颜和悦，极其亲热的样子。兄弟之间非常和悦相亲。

子路问曰："何如斯可谓之士矣？"子曰："切
zǐ lù wèn yuē hé rú sī kě wèi zhī shì yǐ zǐ yuē qiē

71

切偲偲， 怡怡如也， 可谓士矣。 朋友切切偲偲， 兄弟

怡怡。”

【译文】子路问道："怎样才可以称为士呢？"孔子说："互相切磋勉励督促而又和睦相处，就可以叫作士了。朋友之间互相切磋勉励督促，兄弟之间和睦相处。"

宪问第十四

_{kè fá yuàn yù}
◆ 克 伐 怨 欲

解 释 克：好胜。伐：夸耀，自夸。怨：怨恨。欲：贪婪，贪欲。指好胜、自夸、怨恨和贪婪四种不良品德。

_{xiàn wèn chǐ}　_{zǐ yuē}　　　_{bāng yǒu dào}　_{gǔ}　_{bāng wú dào}　_{gǔ}　_{chǐ}
宪问耻。子曰："邦有道，谷；邦无道，谷，耻
_{yě}
也。"

_{kè}　_{fá}　_{yuàn}　_{yù bù xíng yān}　_{kě yǐ wéi rén yǐ}　　_{zǐ yuē}
"克、伐、怨、欲不行焉，可以为仁矣？"子曰：
_{kě yǐ wéi nán yǐ}　_{rén zé wú bù zhī yě}
"可以为难矣，仁则吾不知也。"

【译文】原宪问什么是可耻。孔子说："国家有道，做官拿俸禄；国家无道，还做官拿俸禄，这就是可耻的。"

原宪又问："好胜、自夸、怨恨和贪欲都没有的人，可以算做到仁了吧？"孔子说："这可以说是很难得的，但至于是不是做到了仁，那我就不知道了。"

_{wēi yán wēi xíng}
◆ 危 言 危 行

解 释 危：正直。说正直的话，做正直的事。

zǐ yuē　　bāng yǒu dào　　wēi yán wēi xíng　　bāng wú dào　　wēi xíng yán xùn

子曰："邦有道，危言危行；邦无道，危行言孙

（逊）。"

【译文】孔子说："国家有道时，要言语正直，行为正直；国家无道时，行为还要正直，但说话要谦和谨慎。"

jiàn lì sī yì

◆ 见利思义

解释　见：看到；遇到。利：利益。义：正义、道义。看到有利可图的事就想到道义。形容人无贪欲，廉洁自守。

jiàn wēi shòu mìng

◆ 见危授命

解释　授命：献出生命。指在危难关头勇于献出自己的生命。

zǐ lù wèn chéng rén　　zǐ yuē　　　　ruò zāng wǔ zhòng zhī zhì

子路问成人。子曰："若臧武仲之知（智），

gōng chuò zhī bú yù　　biàn zhuāng zǐ zhī yǒng　　rǎn qiú zhī yì　　wén zhī yǐ lǐ

公绰之不欲，卞庄子之勇，冉求之艺，文之以礼

yuè　　yì kě yǐ wéi chéng rén yǐ　　　　yuē　　　jīn zhī chéng rén zhě hé bì rán

乐，亦可以为成人矣。"曰："今之成人者何必然？

jiàn lì sī yì　　jiàn wēi shòu mìng　　jiǔ yāo　　　bú wàng píng shēng zhī yán

见利思义，见危授命，久要（约）不忘平生之言，

yì kě yǐ wéi chéng rén yǐ

亦可以为成人矣。"

【译文】子路问怎样才是一个完美的人。孔子说："如果具有臧武仲的智慧、孟公绰的克制、卞庄子的勇敢、冉求的多才多艺，再用礼乐加以修饰，也就可以算是一个完人了。"孔子又说："现在的完人何必一定要这样呢？见到利益便能想到义的要求，遇到危险敢于献出生命，长久处于穷困还能不忘平日的诺言，这样也可以算是一个完美的人了。"

谲而不正
jué ér bú zhèng

解释 谲：欺诈，玩弄手段。正：正当，正派，合于法则。诡诈而不正派。

子曰："晋文公谲而不正，齐桓公正而不谲。"

【译文】孔子说："晋文公诡诈而不正派，齐桓公正派而不诡诈。"

一匡天下
yì kuāng tiān xià

解释 匡：纠正。纠正混乱局势，使天下安定下来。

被发左衽
pī fà zuǒ rèn

解释 被：通"披"。衽：衣襟。披头散发，衣襟向左掩。借指异族入侵受到外族的统治。

子贡曰："管仲非仁者与（欤）？桓公杀公子纠，不能死，又相之。"子曰："管仲相桓公，霸诸侯，一匡天下，民到于今受其赐。微管仲，吾其被（披）发左衽矣。岂若匹夫匹妇之为谅也，自经于沟渎而莫之知也？"

【译文】子贡问："管仲不能算是仁人了吧？齐桓公杀了公子纠，他不但不以身殉难，反而做了桓公的宰相。"孔子说："管仲辅佐桓公，称霸诸侯，使天下一切得到匡正，百姓到今天还受到他的好处。如果没有管仲，恐怕我们也要披散着头发，衣襟向左开，沦为野蛮民族了。他难道要像普通百姓一样守着小节小信，自绝于小山沟里，没有人知道吗？"

yǐ dé bào yuàn
◆ 以 德 报 怨

解 释 德：恩惠。怨：仇恨。用施加恩惠的办法来报答别人对自己的怨恨。指不记别人的仇，反而给他好处。

yǐ dé bào dé
◆ 以 德 报 德

解 释 知恩图报，用恩惠报答恩惠。

huò yuē　　　yǐ dé bào yuàn　hé rú　　zǐ yuē　　hé yǐ bào dé
或曰："以德报怨，何如？"子曰："何以报德？

yǐ zhí bào yuàn　yǐ dé bào dé
以直报怨，以德报德。"

【译文】有人说："用恩德来报答怨恨，怎么样？"孔子说："用什么来报答恩德呢？应该是用正直来报答怨恨，用恩德来报答恩德。"

yuàn tiān yóu rén
◆ 怨 天 尤 人

解 释 怨、尤：责怪。天：天命。抱怨命运，责怪别人。指遇到挫折或困难时一味归咎于客观原因，埋怨他人，不从主观上找原因。

xià xué shàng dá
◆ 下 学 上 达

解 释 下学人事，上达天命。指学习人情事理，进而认识自然法则。

zǐ yuē　　　mò wǒ zhī yě fú　　　zǐ gòng yuē　　　hé wéi qí mò zhī zǐ
子曰："莫我知也夫！"子贡曰："何为其莫知子

yě　　zǐ yuē　　bú yuàn tiān　bù yóu rén　xià xué ér shàng dá　zhī wǒ
也？"子曰："不怨天，不尤人，下学而上达。知我

zhě qí tiān hū
者其天乎！"

【译文】孔子说："没有人了解我啊！"子贡说："怎么能说没有人了解您呢？"孔子说："我不埋怨天，也不责备人，下学礼乐而上达天命。了解我的只有天吧！"

知其不可而为之

解释 明知做不到却偏要去做。表示意志坚决。有时也表示倔强固执。

子路宿于石门。晨门曰："奚自？"子路曰："自孔氏。"曰："是知其不可而为之者与（欤）？"

【译文】子路夜里住在石门。（第二天清早进城）守门的人问："从哪里来的？"子路说："从孔子那里来。"守门的人说："是那位明知做不到却一定要去做的人吗？"

深厉浅揭

解释 厉：连衣涉水。揭：撩起衣服。涉浅水，可以撩起衣服过去；涉深水，则撩起衣服也没有用，只得连衣服下水。比喻处理问题要因地制宜、相机行事。

子击磬于卫。有荷蒉而过孔氏之门者，曰："有心哉，击磬乎！"既而曰："鄙哉，硁硁乎！莫己知也，斯己而已矣。深则厉，浅则揭。"

子曰："果哉！末之难矣。"

【译文】孔子在卫国击磬，一位背着草筐的人从门前走过，说："这个击磬的人，是有心事啊！"过了一会儿又说："浅薄啊！这硁硁的声音好像是说没有人理解自己啊！自己明白就行了吧。好像涉水一样，水深就穿着衣服蹚过去，水浅就撩起衣服走过去。"

孔子说："好果断啊！这样就没有什么可责问他的了。"

修己安人
xiū jǐ ān rén

解释 修己：修身。提高自身修养，使人民安乐。

子路问君子。子曰："修己以敬。"
zǐ lù wèn jūn zǐ　zǐ yuē　xiū jǐ yǐ jìng

曰："如斯而已乎？"曰："修己以安人。"
yuē　rú sī ér yǐ hū　yuē　xiū jǐ yǐ ān rén

曰："如斯而已乎？"曰："修己以安百姓。修己
yuē　rú sī ér yǐ hū　yuē　xiū jǐ yǐ ān bǎi xìng　xiū jǐ

以安百姓，尧舜其犹病诸？"
yǐ ān bǎi xìng　yáo shùn qí yóu bìng zhū

【译文】子路问什么叫君子。孔子说："修养自己，恭敬谨慎从事。"

子路说："这样就够了吗？"孔子说："修养自己，使周围的人们安乐。"

子路说："这样就够了吗？"孔子说："修养自己，使百姓都安乐。修养自己使百姓都安乐，尧舜也怕难于做到吧？"

老而不死
lǎo ér bù sǐ

解释 老了还不死。本是孔子骂老朋友原壤的话。后也用于对年老而无德者的责骂。

原壤夷俟。子曰："幼而不孙（逊）弟（悌），长
yuán rǎng yí sì　zǐ yuē　yòu ér bú xùn　tì　zhǎng

而无述焉，老而不死，是为贼。"以杖叩其胫。
ér wú shù yān　lǎo ér bù sǐ　shì wéi zéi　yǐ zhàng kòu qí jìng

【译文】原壤叉开两腿坐在地上，等待孔子。孔子骂他说："你年幼的时候不讲孝悌礼节，长大了也没什么可说的成就，现在老了还不死，真是个害人精。"说完，用拐杖敲了敲他的小腿。

卫灵公第十五

君子固穷
jūn zǐ gù qióng

解释 君子：有教养、有德行的人。固穷：安守穷困。指君子能够安贫乐道不失节操。

zài chén jué liáng　cóng zhě bìng　mò néng xīng　zǐ lù yùn xiàn
在 陈 绝 粮， 从 者 病， 莫 能 兴。 子 路 愠 见（现）

yuē　　jūn zǐ yì yǒu qióng hū　　zǐ yuē　jūn zǐ gù qióng　xiǎo rén
曰："君 子 亦 有 穷 乎？" 子 曰："君 子 固 穷， 小 人

qióng sī làn yǐ
穷 斯 滥 矣。"

【译文】（孔子一行）在陈国断了粮食，随从的人都饿病了，起不来床。子路很不高兴地来见孔子，说道："君子也有穷得没有办法的时候吗？"孔子说："君子虽然穷困还是坚持节操，小人一遇穷困就无所不为了。"

无为而治
wú wéi ér zhì

解释 无为：无所作为。治：治理。无所作为而使天下得到治理。原指舜当政的时候，沿袭尧的主张，不做丝毫改变。现也指不加约束，任其自由发展。

zǐ yuē　　wú wéi ér zhì zhě　qí shùn yě yú　　fú hé wéi
子 曰："无 为 而 治 者， 其 舜 也 与（欤）？ 夫 何 为

zāi　gōng jǐ zhèng nán miàn ér yǐ yǐ
哉？ 恭 己 正 南 面 而 已 矣。"

【译文】孔子说："能够无所作为而治理天下的人，大概只有舜吧？他做了什么呢？只是庄严端正地坐在朝廷的王位上罢了。"

志士仁人
zhì shì rén rén

解 释 仁：仁爱、高尚。志向宏伟、道德高尚的人。泛指热爱祖国、献身事业的人士。

杀身成仁
shā shēn chéng rén

解 释 身：自己。杀身：舍生，丧生。成：成全，成就。仁：仁爱，儒家道德的最高标准。指为了成全仁义，可以牺牲生命。后泛指为了维护正义事业而舍弃自己的生命。

子曰："志士仁人，无求生以害仁，有杀身以成仁。"
zǐ yuē   zhì shì rén rén   wú qiú shēng yǐ hài rén   yǒu shā shēn yǐ chéng rén

【译文】孔子说："志士仁人，不贪生怕死而损害仁德，只勇于牺牲来成全仁德。"

工欲善其事，必先利其器〈格〉
gōng yù shàn qí shì   bì xiān lì qí qì

解 释 做工的人要想做好他的工作，先要搞好他的工具。比喻要做好一件事，准备工作非常重要。

子贡问为仁。子曰："工欲善其事，必先利其器。居是邦也，事其大夫之贤者，友其士之仁者。"
zǐ gòng wèn wéi rén   zǐ yuē   gōng yù shàn qí shì   bì xiān lì qí qì   jū shì bāng yě   shì qí dà fū zhī xián zhě   yǒu qí shì zhī rén zhě

【译文】子贡问怎样实行仁德。孔子说："做工的人想把活做好，必须首先使他的工具趁手。住在这个国家，就要学习那些大夫中的贤人，结交那些士人中的仁人。"

人 无 远 虑 ， 必 有 近 忧

rén wú yuǎn lǜ   bì yǒu jìn yōu

解释 虑：考虑。忧：忧愁。人没有长远的考虑，必定出现眼前的忧患。表示看事做事应该有远大的目光、周密的考虑。

子曰："人无远虑，必有近忧。"

zǐ yuē   rén wú yuǎn lǜ   bì yǒu jìn yōu

【译文】孔子说："一个人没有长远的考虑，一定会有眼前的忧患。"

言 不 及 义

yán bù jí yì

解释 及：涉及。义：道义。原指言谈达不到义的境界，现多指说话不涉及正题与中心。

好 行 小 慧

hào xíng xiǎo huì

解释 好：喜爱，喜欢。慧：聪明，有才智。爱耍小聪明。

子曰："群居终日，言不及义，好行小慧，难矣哉！"

zǐ yuē   qún jū zhōng rì   yán bù jí yì   hào xíng xiǎo huì   nán yǐ   zāi

【译文】孔子说："整天聚在一起，说话不讲道义，专好卖弄小聪明，这种人真难教导！"

君 子 求 诸 己 ， 小 人 求 诸 人 〈格〉

jūn zǐ qiú zhū jǐ   xiǎo rén qiú zhū rén

解释 求：要求。君子要求自己，小人要求别人。

子曰："君子求诸己，小人求诸人。"

zǐ yuē   jūn zǐ qiú zhū jǐ   xiǎo rén qiú zhū rén

【译文】孔子说："君子要求自己，小人要求别人。"

群而不党
qún ér bù dǎng

解释 群：合群。党：因利益而结合在一起的集团。与众合群，不结私党。

子曰："君子矜而不争，群而不党。"
zǐ yuē　　 jūn zǐ jīn ér bù zhēng　　 qún ér bù dǎng

【译文】孔子说："君子庄重而不与别人争执，合群而不结党营私。"

以人废言
yǐ rén fèi yán

解释 废：废弃。因为这个人有不足的地方，而对其言论也加以否定。

子曰："君子不以言举人，不以人废言。"
zǐ yuē　　 jūn zǐ bù yǐ yán jǔ rén　　 bù yǐ rén fèi yán

【译文】孔子说："君子不因为一个人的几句好话而提拔他，也不因为一个人不够好而不采纳他的好的言论。"

己所不欲，勿施于人
jǐ suǒ bú yù　　 wù shī yú rén

解释 欲：想，希望。勿：不要。施：加。自己不愿接受的，不要施加给别人。

子贡问曰："有一言而可以终身行之者乎？"
zǐ gòng wèn yuē　　 yǒu yì yán ér kě yǐ zhōng shēn xíng zhī zhě hū

子曰："其恕乎！己所不欲，勿施于人。"
zǐ yuē　　 qí shù hū　　 jǐ suǒ bú yù　　 wù shī yú rén

【译文】子贡问道："有没有一句话可以让人终身奉行呢？"孔子回答说："大概是恕吧，宽恕别人对自己犯下的错误。自己所不想要的任何事物，就不要加给别人。"

直道而行
zhí dào ér xíng

解释 直道：正道。行：走。走正道，比喻办事公正。

zǐ yuē　　　　wú zhī yú rén yě　　shuí huǐ shuí yù　　rú yǒu suǒ yù zhě　　qí

子曰："吾之于人也，谁毁谁誉？如有所誉者，其

yǒu suǒ shì yǐ　　sī mín yě　　sān dài zhī suǒ yǐ zhí dào ér xíng yě

有所试矣。斯民也，三代之所以直道而行也。"

【译文】孔子说："我对于别人，诋毁过谁、赞美过谁？如有所赞美，必是曾经考证过的。夏商周三代的人都是如此，所以三代能直道而行。"

xiǎo bù rěn zé luàn dà móu

◆ 小不忍则乱大谋

解释 忍：忍耐；忍受。谋：主意；计策。小事不忍耐，就会坏了大事。

zǐ yuē　　　qiǎo yán luàn dé　　xiǎo bù rěn　　zé luàn dà móu

子曰："巧言乱德。小不忍，则乱大谋。"

【译文】孔子说："花言巧语足以败坏人的德行。小事情不忍耐，就会败坏大事情。"

guò ér bù gǎi　　　shì wèi guò yǐ

◆ 过而不改，是谓过矣 〈格〉

解释 过：过失；错误。有了错而不改正，这才是真的错了。

zǐ yuē　　　guò ér bù gǎi　　shì wèi guò yǐ

子曰："过而不改，是谓过矣。"

【译文】孔子说："有了错误而不改正，那便真叫作错误了。"

dāng rén bú ràng

◆ 当仁不让

解释 当：面对。仁：这里指正义的事；应该做的好事。原指以仁为任无所谦让。后指遇到应该做的事就积极主动去做，不推托，不谦让。

zǐ yuē　　　dāng rén　　bú ràng yú shī

子曰："当仁，不让于师。"

【译文】孔子说："面对着仁德，就是老师，也不同他谦让。"

yǒu jiào wú lèi
◈ **有 教 无 类**

解释 类：类别。不管什么人都可以受到教育。现多指教育学生时不分高低贵贱，一视同仁。

zǐ yuē　　yǒu jiào wú lèi
子曰："有教无类。"

【译文】孔子说："人人都可以接受教育，没有类别之分。"

dào bù tóng　　bù xiāng wéi móu
◈ **道 不 同， 不 相 为 谋**

解释 道：路，这里指志向、思想、主张等。谋：谋划，商量。意见或志趣不同的人，不可在一起共事。

zǐ yuē　　dào bù tóng　　bù xiāng wéi móu
子曰："道不同，不相为谋。"

【译文】孔子说："对道义的主张不同，不互相谋划商议。"

季氏第十六

◆ **陈力就列** chén lì jiù liè

[解释] 陈力：贡献才力。就：担任。列：官职、职位。贡献才力，担任相应的职位。

◆ **龟玉毁椟** guī yù huǐ dú

[解释] 龟玉：龟甲和宝玉。椟：木柜，匣子。龟甲和宝玉在匣中被毁坏。比喻辅佐之臣失职而使国运毁败。

◆ **不患寡而患不均，不患贫而患不安**〈格〉 bú huàn guǎ ér huàn bù jūn, bú huàn pín ér huàn bù ān

[解释] 不担忧财富少，只担忧不平均；不担忧不发达，只担忧不安定。

◆ **既来之，则安之** jì lái zhī, zé ān zhī

[解释] 既：已经。来之：使之来。安之：使之安。原意是既然已经使他们来了，就应当使他们安心定居。现多指既然来了，就安下心来。

◆ **分崩离析** fēn bēng lí xī

[解释] 崩：倒塌、破裂。析：散开。形容国家、集团等分裂、瓦解。

◆ **大动干戈** dà dòng gān gē

[解释] 干为防具，戈为武器，均为古代兵器，以"干戈"用作兵器的通称，后来引申为指战争。原指发动战争，现多比喻兴师动众或大张声势地做事。

◆ 祸起萧墙

解释 萧墙：古代宫室内当门的小墙，用作屏风，比喻家里、内部。指祸乱从内部发生。

jì shì jiāng fá zhuān yú　　rǎn yǒu　　jì lù xiàn　　yú kǒng zǐ yuē
季氏将伐颛臾。冉有、季路见（现）于孔子曰：

jì shì jiāng yǒu shì yú zhuān yú
"季氏将有事于颛臾。"

kǒng zǐ yuē　　qiú　　wú nǎi ěr shì guò yú　　　　fú zhuān yú
孔子曰："求！无乃尔是过与（欤）？夫颛臾，

xī zhě xiān wáng yǐ wéi dōng méng zhǔ　　qiě zài bāng yù zhī zhōng yǐ　　shì shè jì zhī
昔者先王以为东蒙主，且在邦域之中矣，是社稷之

chén yě　　hé yǐ fá wéi
臣也。何以伐为？"

rǎn yǒu yuē　　　　fū zǐ yù zhī　　wú èr chén zhě jiē bú yù yě
冉有曰："夫子欲之，吾二臣者皆不欲也。"

kǒng zǐ yuē　　qiú　　zhōu rén yǒu yán yuē　　chén lì jiù liè　　bù néng
孔子曰："求！周任有言曰：'陈力就列，不能

zhě zhǐ　　wēi ér bù chí　　diān ér bù fú　　zé jiāng yān yòng bǐ xiàng yǐ　　qiě
者止。'危而不持，颠而不扶，则将焉用彼相矣？且

ěr yán guò yǐ　　hǔ sì chū yú xiá　　guī yù huǐ yú dú zhōng　　shì shuí zhī guò yú
尔言过矣，虎兕出于柙，龟玉毁于椟中，是谁之过与

（欤）？"

rǎn yǒu yuē　　　　jīn fú zhuān yú　　gù ér jìn yú bì　　　　jīn bù
冉有曰："今夫颛臾，固而近于费（鄪）。今不

qǔ　　hòu shì bì wéi zǐ sūn yōu
取，后世必为子孙忧。"

kǒng zǐ yuē　　qiú　　jūn zǐ jí fú shě yuē yù zhī ér bì wéi zhī cí
孔子曰："求，君子疾夫舍曰欲之而必为之辞。

丘 也 闻 有 国 有 家 者， 不 患 寡 而 患 不 均， 不 患 贫 而 患
不 安。 盖 均 无 贫， 和 无 寡， 安 无 倾。 夫 如 是， 故 远 人 不
服， 则 修 文 德 以 来 之。 既 来 之， 则 安 之。 今 由 与 求 也，
相 夫 子， 远 人 不 服， 而 不 能 来 也； 邦 分 崩 离 析， 而 不
能 守 也； 而 谋 动 干 戈 于 邦 内。 吾 恐 季 孙 之 忧， 不 在
颛 臾， 而 在 萧 墙 之 内 也。"

【译文】季氏将要讨伐颛臾。冉有、子路去见孔子说："季氏快要攻打颛臾了。"

孔子说："冉求，这难道不是你的过错吗？颛臾，以前的君王已经让它主持东蒙的祭祀，而且已在鲁国疆域之内，是国家的臣属啊。为什么要去讨伐呢？"

冉有说："季孙大夫想这么干，我们两个人本来都是不同意的。"

孔子说："冉求，周任有句话说：'尽自己的力量去承担你的职务，实在做不好就辞职。'人有了危险不去扶助，跌倒了不去搀扶，那还用辅助的人干什么呢？而且你说的话错了。老虎、犀牛从笼里跑出来，龟甲、玉器在匣子里毁坏了，这是谁的过错呢？"

冉有说："颛臾，城墙坚固，而且离季孙的采邑很近。现在不把它夺取过来，将来一定会成为子孙后代的祸患。"

孔子说："冉求，君子痛恨那种不肯实说自己想要那样做而又一定要找出理由来为之辩解的做法。我听说过：对于诸侯和大夫，不怕贫穷，而怕财富不均；不怕人口少，而怕不安定。如果财富均了，也就无所谓贫穷；和睦相处，就不会觉得人少；和平安定，也就没有倾覆的危险。做到这样，如果远方的人还不归服，再修仁义礼乐来招揽他们。他们已经来了，就得使他们安心。现在，仲由和冉求你们两个人辅助季氏，远方的人不归服，却不能招揽；国家支

离破碎、民心离散，却不能保全；反而想在国境以内使用兵力。我只怕季孙的忧患不在颛臾，而是在鲁君宫闱之内吧。"

直谅多闻
zhí liàng duō wén

解释 直：正直。谅：诚信。多闻：学识渊博。为人正直诚信，学识广博。

孔子曰："益者三友，损者三友。友直，友谅，友多闻，益矣。友便辟，友善柔，友便佞，损矣。"
kǒng zǐ yuē yì zhě sān yǒu sǔn zhě sān yǒu yǒu zhí yǒu liàng yǒu duō wén yì yǐ yǒu pián pì yǒu shàn róu yǒu pián nìng sǔn yǐ

【译文】孔子说："有益的朋友有三种，有害的朋友有三种。同正直的人交友，同诚信的人交友，同见闻广博的人交友，这是有益的。同惯于走邪道的人交友，同善于阿谀奉承的人交友，同惯于花言巧语的人交友，这是有害的。"

君子三戒
jūn zǐ sān jiè

解释 戒：戒规。君子有三条戒规：少年时戒美色，壮年时戒争斗，老年时戒贪得。

血气方刚
xuè qì fāng gāng

解释 血气：精力。方：正。刚：旺盛。形容年轻人精力正旺盛。

孔子曰："君子有三戒：少之时，血气未定，戒之在色；及其壮也，血气方刚，戒之在斗；及其老也，血气既衰，戒之在得。"
kǒng zǐ yuē jūn zǐ yǒu sān jiè shào zhī shí xuè qì wèi dìng jiè zhī zài sè jí qí zhuàng yě xuè qì fāng gāng jiè zhī zài dòu jí qí lǎo yě xuè qì jì shuāi jiè zhī zài dé

【译文】孔子说："君子有三种事情要引以为戒：年少的时候，血气还不成熟，要警戒沉迷女色；等到身强体壮了，血气正旺盛，要警戒与人争斗；等到年老了，血气已经衰弱，要警戒贪得无厌。"

◆ **君子有三畏：畏天命，畏大人，畏 圣 人之言**〈格〉

解释 君子该有三点敬畏：敬畏上天意志（自然规律），敬畏德行高尚的人，敬畏圣人的言论。

kǒng zǐ yuē　　　jūn zǐ yǒu sān wèi　　wèi tiān mìng　wèi dà rén　　wèi shèng
孔 子曰："君子有三畏：畏天命， 畏大人， 畏 圣

rén zhī yán　　xiǎo rén bù zhī tiān mìng ér bú wèi yě　　xiá dà rén　　wǔ shèng rén zhī
人之言。小人不知天命而不畏也， 狎大人， 侮 圣人之

yán
言。"

【译文】孔子说："君子有三件敬畏的事情：敬畏上天意志，敬畏地位高贵的人，敬畏圣人的话。小人不懂得天命，因而也不敬畏，不尊重地位高贵的人，轻侮圣人之言。"

kùn ér xué zhī
◆ **困 而 学 之**

解释 困：遇到困难，被难住。遇到困惑的时候就学习。

kùn ér bù xué
◆ **困 而 不 学**

解释 困：困惑，不明白。困惑不明白却不肯学习。

kǒng zǐ yuē　　shēng ér zhī zhī zhě shàng yě　　xué ér zhī zhī zhě cì yě
孔 子曰："生而知之者 上 也， 学而知之者次也；

kùn ér xué zhī　　yòu qí cì yě　　kùn ér bù xué　　mín sī wéi xià yǐ
困而学之， 又其次也；困而不学， 民斯为下矣。"

【译文】孔子说："生来就知道的人是上等；经过学习以后才知道的是次一等；遇到困难再去学习的，是又次一等；遇到困难还不学习的人，这种人就是下等的人了。"

见得思义

jiàn dé sī yì

【解释】得：利益。思：思考，考虑。义：道义。见到利益要考虑是否符合道义。

孔子曰："君子有九思：视思明，听思聪，色思温，貌思恭，言思忠，事思敬，疑思问，忿思难，见得思义。"

kǒng zǐ yuē **jūn zǐ yǒu jiǔ sī** **shì sī míng** **tīng sī cōng** **sè sī wēn** **mào sī gōng** **yán sī zhōng** **shì sī jìng** **yí sī wèn** **fèn sī nàn** **jiàn dé sī yì**

【译文】孔子说："君子有九种要用心思考的事：观看时，想想看明白了没有；倾听时，想想听清楚了没有；想想面色是否温和；想想容貌是否恭敬；想想言论是否忠实；想想办事是否认真；遇到疑问，想想怎样向别人请教；将要发怒，想想会有什么后患；见到利益，想想是否符合道义。"

见善如不及，见不善如探汤〈格〉

jiàn shàn rú bù jí，jiàn bú shàn rú tàn tāng

【解释】看见善良就像追赶不上似的，遇见不善就像手伸进沸水里似的。表示努力追求善良，坚决避开邪恶。

隐居求志

yǐn jū qiú zhì

【解释】隐居：深居不做官。志：心志，志向。指深居乡野不去做官，以实现自己的志愿。

孔子曰："见善如不及，见不善如探汤。吾见其人矣，吾闻其语矣。隐居以求其志，行义以达其道。吾闻其语矣，未见其人也。"

kǒng zǐ yuē **jiàn shàn rú bù jí** **jiàn bú shàn rú tàn tāng** **wú jiàn qí rén yǐ** **wú wén qí yǔ yǐ** **yǐn jū yǐ qiú qí zhì** **xíng yì yǐ dá qí dào** **wú wén qí yǔ yǐ** **wèi jiàn qí rén yě**

【译文】孔子说："看见善良，努力追求，好像赶不上似的；遇见邪恶，赶紧避开，好像将手伸到沸水里似的。我见过这样的人，也听过这样的话。以隐居避世来保全他的志向，以义而行来贯彻他的主张。我听过这样的话，却没有见过这样的人。"

问一得三
wèn yī dé sān

[解释] 问一个问题，却明白了三个道理。形容求的少，得到的多。

不学诗，无以言；不学礼，无以立 〈格〉
bù xué shī wú yǐ yán bù xué lǐ wú yǐ lì

[解释] 不学《诗》，就不知道该怎么说话；不学《礼》，就不知道该如何立身。《诗》《礼》是周代社会教育和社交礼仪中必须掌握的，也是孔子传道授业的基本内容。

过庭之训
guò tíng zhī xùn

[解释] "过庭"，典故名，孔鲤（伯鱼的姓名）"趋而过庭"，其父孔子训导他要学诗、学礼。用以指父亲的训导和教诲，亦喻长辈对晚辈的训诫。

陈亢问于伯鱼曰："子亦有异闻乎？"
chén gāng wèn yú bó yú yuē zǐ yì yǒu yì wén hū

对曰："未也。尝独立，鲤趋而过庭。曰：'学诗
duì yuē wèi yě cháng dú lì lǐ qū ér guòtíng yuē xué shī

乎？'对曰：'未也。''不学诗，无以言。'鲤退而学
hū duì yuē wèi yě bù xué shī wú yǐ yán lǐ tuì ér xué

诗。他日，又独立，鲤趋而过庭。曰：'学礼乎？'对
shī tā rì yòu dú lì lǐ qū ér guòtíng yuē xué lǐ hū duì

曰：'未也。''不学礼，无以立。'鲤退而学礼。闻斯
yuē wèi yě bù xué lǐ wú yǐ lì lǐ tuì ér xué lǐ wén sī

二者。"
èr zhě

chén gāng tuì ér xǐ yuē　　wèn yī dé sān　wén shī　wén lǐ　yòu wén
陈 亢 退 而 喜 曰：“问 一 得 三，闻 诗，闻 礼，又 闻
jūn zǐ zhī yuǎn qí zǐ yě
君 子 之 远 其 子 也。”

【译文】陈亢问孔子的儿子伯鱼：“您在老师那里，有什么与众不同的教诲吗？”

伯鱼回答说：“没有呀。有一次他独自站在堂上，我恭敬地从庭里走过，他问：‘学诗了吗？’我回答说：‘没有。’他说：‘不学《诗》，就不懂得怎样说话。’我回去就学诗。又有一天，他又独自站在堂上，我恭敬地从庭里走过，他说：‘学礼了吗？’我回答说：‘没有。’他说：‘不学《礼》，就不懂得立足社会。’我回去就学礼。我就知道这两件事。”

陈亢回去高兴地说：“我提一个问题得到三方面的收获，听了关于诗的道理，听了关于礼的道理，又听了君子不偏爱自己儿子的道理。”

阳货第十七

^{suì bù wǒ yǔ}
◆ 岁 不 我 与

解释 与：给。年岁是不等人的。表示应该及时奋起，有所作为。

^{yánghuò yù jiàn kǒng zǐ   kǒng zǐ bú jiàn   kuì   kǒng zǐ tún}
阳 货 欲 见 孔 子， 孔 子 不 见， 归（馈）孔 子 豚。

^{kǒng zǐ sì   qí wáng yě   ér wǎng bài zhī}
孔 子 时（伺）其 亡 也， 而 往 拜 之。

^{yù zhū tú}
遇 诸 涂（途）。

^{wèi kǒng zǐ yuē   lái   yú yǔ ěr yán   yuē   huái qí bǎo ér}
谓 孔 子 曰：“来！予 与 尔 言。”曰：“怀 其 宝 而

^{mí qí bāng   kě wèi rén hū   yuē   bù kě   hào cóng shì ér qì shī}
迷 其 邦， 可 谓 仁 乎？”曰：“不 可。”“好 从 事 而 亟 失

^{shí   kě wèi zhì   hū   yuē   bù kě   rì yuè shì yǐ   suì}
时， 可 谓 知（智）乎？”曰：“不 可。”“日 月 逝 矣， 岁

^{bù wǒ yǔ}
不 我 与。”

^{kǒng zǐ yuē   nuò   wú jiāng shì yǐ}
孔 子 曰：“诺， 吾 将 仕 矣。”

【译文】阳货想要孔子拜见他，孔子不去。他便赠送给孔子一只乳猪（想要孔子到他家来道谢）。

孔子探听到阳货不在家的时候，前往拜谢。

两人却在路上遇见了。

阳货对孔子说："来，我有话要跟你说。"（孔子走了过去。）阳货说："把自己的本领藏起来而听任国家迷乱，这可以叫作仁爱吗？"孔子不答，阳货自己回答说："不可以。"（阳货接着说：）"喜欢参与政事，却又屡次错过机会，这可以说是聪明吗？"自答说："不可以。"（阳货又接着说：）"时间一天天过去了，年岁是不等人的。"

孔子说："好吧，我打算做官了。"

性相近也，习相远也〈格〉
xìng xiāng jìn yě　xí xiāng yuǎn yě

解释 性：性情、本性。习：习惯、习染。人的本性相近，行为、习惯却相差很远。

子曰："性相近也，习相远也。"
zǐ yuē　xìng xiāng jìn yě　xí xiāng yuǎn yě

【译文】孔子说："人性情本相近，因为习染不同，便相距甚远。"

莞尔而笑
wǎn ěr ér xiào

解释 莞：指水葱一类的植物。这里形容微笑的样子。

割鸡焉用牛刀
gē jī yān yòng niú dāo

解释 杀鸡何必用宰牛的刀。比喻做小事情不值得花大力气。也作"杀鸡焉用牛刀"。

子之武城，闻弦歌之声。夫子莞尔而笑，曰："割
zǐ zhī wǔ chéng　wén xián gē zhī shēng　fū zǐ wǎn ěr ér xiào　yuē　gē

鸡焉用牛刀？"
jī yān yòng niú dāo

子游对曰："昔者偃也闻诸夫子曰：'君子学道则
zǐ yóu duì yuē　xī zhě yǎn yě wén zhū fū zǐ yuē　jūn zǐ xué dào zé

爱人，小人学道则易使也。'"
ài rén　xiǎo rén xué dào zé yì shǐ yě

子曰：“二三子！偃之言是也。前言戏之耳。”

【译文】孔子到了（子游做县长的）武城，听见弹琴唱歌的声音。孔子微笑着说：“杀鸡何必用宰牛的刀呢？”

子游回答说：“以前我听老师说过，‘君子学习了道义礼法就会有仁爱之心；百姓学习了道义礼法就容易听从指挥。’”

孔子说：“学生们，子游的这话是对的。我刚才说的话，只是开个玩笑而已。”

◆ 磨而不磷，涅而不缁

解释 磷：薄。涅：染。缁：黑。磨了以后不变薄，染了以后不变黑。比喻意志坚定的人不受环境影响，经得起考验。

◆ 系而不食

解释 系：结，扣。光挂着，却不吃。指中看不中吃的东西。

佛肸召，子欲往。

子路曰：“昔者由也闻诸夫子曰：‘亲于其身为不善者，君子不入也。’佛肸以中牟畔（叛），子之往也，如之何？”

子曰：“然，有是言也。不曰坚乎，磨而不磷；不曰白乎，涅而不缁。吾岂匏瓜也哉？焉能系而不食？”

【译文】佛肸招孔子去，孔子准备前往。

子路说：“以前我听老师说过：‘亲自做坏事的人那里，君子是不去的。’现在佛肸在中牟叛乱，您却要去，这如何解释呢？”

孔子说："对，我是说过这样的话。不是说坚硬的东西磨也磨不坏吗？不是说洁白的东西染也染不黑吗？我难道是个苦味的葫芦吗？怎么能只挂在那里而不给人吃呢？"

xīng guān qún yuàn
◆ **兴 观 群 怨**

解释 兴：联想。观：观察。群：合群。怨：怨恨。古人认为读《诗经》可以培养人的四种能力。后泛指诗的社会功能。

zǐ yuē　　　　xiǎo zǐ hé mò xué fú shī　 shī　kě yǐ xīng　 kě yǐ guān
子曰："小子何莫学夫诗？诗，可以兴，可以观，

kě yǐ qún　　 kě yǐ yuàn　 ěr zhī shì fù　　yuǎn zhī shì jūn　 duō shí yú niǎo shòu
可以群，可以怨。迩之事父，远之事君；多识于鸟 兽

cǎo mù zhī míng
草木之名。"

【译文】孔子说："学生们，为什么不学习诗呢？读诗，可以培养想象力，可以提高观察力，可以锻炼合群性，可以学到讽谏、批评的方法。近呢，可以用其中的道理来侍奉父母；远呢，可以用其中的道理服侍君王。还可以多认识一些鸟兽草木的名称。"

miàn qiáng ér lì
◆ **面 墙 而 立**

解释 面：面对。面对着墙站立，比喻不学习的人一无所见。

zǐ wèi bó yú yuē　　　 rǔ　 rǔ　 wéi　 zhōu nán　　　 shào nán　　 yǐ
子谓伯鱼曰："女（汝）为《周南》《召南》矣

hū　　rén ér bù wéi　　zhōu nán　　　　shào nán　　　qí yóu zhèng qiáng miàn ér lì yě
乎？人而不为《周南》《召南》，其犹正 墙 面而立也

yú
与（欤）？"

【译文】孔子对伯鱼说："你学习《周南》《召南》了吗？一个人如果不学习《周南》《召南》，那就像面对墙壁而站着吧？"

96

sè lì nèi rěn

◆ 色 厉 内 荏

解 释 色：神色，样子。厉：凶猛。荏：软弱、怯懦。外表严厉强硬，而内心软弱怯懦。

chuān yú zhī dào

◆ 穿 窬 之 盗

解 释 穿：指穿壁。窬：通"逾"，指爬墙。指钻洞和爬墙的盗贼。

zǐ yuē　　　　　sè lì ér nèi rěn　　pì zhū xiǎo rén　　qí yóu chuān yú

子曰："色厉而内荏，譬诸小人，其犹穿窬

zhī dào yě yú

（逾）之盗也与（欤）？"

【译文】孔子说："外表严厉而内心怯弱，如果用小人作比喻，就像是挖洞跳墙的小偷吧？"

dào tīng tú shuō

◆ 道 听 途 说

解 释 道、途：路。路上听来的话，又在路上传播给别人。泛指没有根据的传闻。

zǐ yuē　　　dàotīng ér tú　　　shuō　　dé zhī qì yě

子曰："道听而涂（途）说，德之弃也。"

【译文】孔子说："在路上听到传言就到处去传播，这是道德所唾弃的。"

huàn dé huàn shī

◆ 患 得 患 失

解 释 患：忧虑、担心。没得到时，担心得不到；得到了，又担心失去。形容对个人利害得失斤斤计较。

wú suǒ bú zhì

◆ 无 所 不 至

解 释 至：到。指没有达不到的地方。也指什么坏事都干得出来，无所不用其极。

子曰：<ruby>鄙<rt>bǐ</rt></ruby><ruby>夫<rt>fū</rt></ruby><ruby>可<rt>kě</rt></ruby><ruby>与<rt>yǔ</rt></ruby><ruby>事<rt>shì</rt></ruby><ruby>君<rt>jūn</rt></ruby><ruby>也<rt>yě</rt></ruby><ruby>与<rt>yú</rt></ruby>（欤）<ruby>哉<rt>zāi</rt></ruby>？

子曰："鄙夫可与事君也与（欤）哉？其未得之也，患得之。既得之，患失之。苟患失之，无所不至矣。"

【译文】孔子说："可以和一个鄙夫一起事奉君王吗？他没有得到职位的时候，总担心得不到；已经得到了，又担心失去它。如果总担心失去，那他就什么事都干得出来了。"

◆ **恶紫夺朱** (wù zǐ duó zhū)

解释 恶：厌恶，憎恨。朱：红色。憎恨紫色夺取了红色的光彩。原指厌恶以邪代正。后以喻以邪胜正，以异端弃正理。

◆ **郑声乱雅** (zhèng shēng luàn yǎ)

解释 郑声：春秋时郑国的音乐。郑声与儒家所提倡的雅乐不同，被认为是对雅乐的扰乱。比喻邪扰乱了正。

子曰："恶紫之夺朱也，恶郑声之乱雅乐也，恶利口之覆邦家者。"

【译文】孔子说："我厌恶用紫色取代红色，厌恶用郑国的声乐扰乱雅乐，厌恶用伶牙俐齿颠覆国家这样的事情。"

◆ **礼坏乐崩** (lǐ huài yuè bēng)

解释 礼：社会道德、行为的规范。乐：教化的规范。崩：败坏。形容典章制度、礼仪教化遭受破坏，社会秩序、道德规范混乱。也作"礼崩乐坏"。

宰我问：“三年之丧，期已久矣。君子三年不为礼，礼必坏；三年不为乐，乐必崩。旧谷既没，新谷既升，钻燧改火，期可已矣。”

子曰：“食夫稻，衣夫锦，于女（汝）安乎？”

曰：“安。”

“女（汝）安，则为之！夫君子之居丧，食旨不甘，闻乐不乐，居处不安，故不为也。今女（汝）安，则为之！”

宰我出。子曰：“予之不仁也！子生三年，然后免于父母之怀。夫三年之丧，天下之通丧也，予也有三年之爱于其父母乎！”

【译文】宰我问：“父母死了，服丧三年，为期太长了。君子三年不习礼，礼一定会败坏；三年不演奏音乐，音乐一定会荒废。旧谷已经吃完，新谷已经登场，取火用的燧木已经轮换了一遍，服丧一年就可以了。”

孔子说：“丧期不到三年就吃稻米、穿锦缎，对你来说心安吗？”

宰我说：“心安。”

孔子说：“你心安，就那样做吧！君子服丧，吃美味不觉得香甜，听音乐不感到快乐，住在家里不觉得舒适安宁，所以不那样做。现在你心安，就那样去做吧！”

宰我出去了。孔子说："宰我不仁啊！孩子生下来三年后，才能脱离父母的怀抱。三年丧期，是天下通行的丧礼。宰我难道没有从他父母那里得到过三年怀抱之爱吗？"

bǎo shí zhōng rì
◆ 饱 食 终 日

解 释 饱食：吃得饱。终日：整天。整天吃饱了饭，什么事也不做。

wú suǒ yòng xīn
◆ 无 所 用 心

解 释 用心：动脑筋。没有什么用心思的地方。指什么事都不放在心上，不动脑筋。

zǐ yuē　　bǎo shí zhōng rì　　wú suǒ yòng xīn　　nán yǐ zāi　　bù yǒu bó
子曰："饱食终日，无所用心，难矣哉！不有博
yì zhě hū　　wéi zhī　　yóuxián hū yǐ
弈者乎？为之，犹贤乎已。"

【译文】孔子说："整天吃饱了饭，什么心思也不用，不行的呀！不是还有下棋的游戏吗？干这个，也比闲着好。"

jū xià shàn shàng
◆ 居 下 讪 上

解 释 居：处于。讪：讥笑。指下属背地里讥笑上级。

zǐ gòng yuē　　jūn zǐ yì yǒu wù hū　　zǐ yuē　　yǒu wù　wù
子贡曰："君子亦有恶乎？"子曰："有恶：恶
chēng rén zhī è zhě　　wù jū xià liú ér shàn shàng zhě　　wù yǒng ér wú lǐ zhě
称 人之恶者，恶居下流而讪 上 者，恶勇而无礼者，
wù guǒ gǎn ér zhì zhě
恶果 敢而窒者。"

yuē　　　　cì yě yì yǒu wù hū　　wù jiāo yǐ wéi zhì
曰："赐也亦有恶乎？" "恶徼以为知（智）

100

者，<ruby>恶<rt>wù</rt></ruby><ruby>不<rt>bú</rt></ruby><ruby>孙<rt>xùn</rt></ruby>（逊）<ruby>以<rt>yǐ</rt></ruby><ruby>为<rt>wéi</rt></ruby><ruby>勇<rt>yǒng</rt></ruby><ruby>者<rt>zhě</rt></ruby>，<ruby>恶<rt>wù</rt></ruby><ruby>讦<rt>jié</rt></ruby><ruby>以<rt>yǐ</rt></ruby><ruby>为<rt>wéi</rt></ruby><ruby>直<rt>zhí</rt></ruby><ruby>者<rt>zhě</rt></ruby>。"

【译文】子贡说："君子也有憎恶的事吗？"孔子说："有憎恶的事：憎恶背后宣扬别人坏处的人，憎恶身居下位而毁谤上级的人，憎恶勇敢却不懂礼节的人，憎恶固执而不通事理的人。"

孔子又说："赐，你也有憎恶的事吗？"子贡说："憎恶窃取别人成果而自以为聪明的人，憎恶不谦逊而自以为勇敢的人，憎恶揭发别人隐私而自以为直率的人。"

微子第十八

◆ **fù mǔ zhī bāng**
父 母 之 邦

解释 邦：国。指祖国。

◆ **zhí dào shì rén**
直 道 事 人

解释 直：正直。直道：正道。事：事奉，服侍。正直无私地对待人。形容为人真诚不虚伪。

◆ **wǎng dào shì rén**
枉 道 事 人

解释 枉：违背。道：正道。事：侍奉。指不按正道事奉国君。后泛指不择手段取悦于人。

liǔ xià huì wéi shì shī　　sān chù　　rén yuē　　　　zǐ wèi kě yǐ qù hū
柳下惠为士师，三黜。人曰："子未可以去乎？"

yuē　　　zhí dào ér shì rén　　yān wǎng ér bù sān chù　　wǎng dào ér shì rén　　hé bì
曰："直道而事人，焉往而不三黜？枉道而事人，何必

qù fù mǔ zhī bāng
去父母之邦？"

【译文】柳下惠当法官，多次遭到罢免。有人说："你不可以离开鲁国吗？"他说："正直地工作，到哪里不会被多次撤职呢？不正直地工作，为什么一定要离开祖国呢？"

来者可追 lái zhě kě zhuī

解释 追：赶，紧跟。过去的事已无法挽回，但未来的事还来得及赶上。

楚狂接舆歌而过孔子曰："凤兮凤兮！何德之衰？往者不可谏，来者犹可追。已而，已而！今之从政者殆而！"

孔子下，欲与之言。趋而辟（避）之，不得与之言。

【译文】楚国狂人接舆唱着歌从孔子的车旁走过，他唱道："凤凰啊，凤凰啊！你为什么这么倒霉呢？过去的已经无可挽回，未来的还来得及赶上。算了吧，算了吧！现在的执政者危乎其危啊！"

孔子下车，想跟他谈谈。他却赶快避开，孔子没能和他交谈。

四体不勤，五谷不分 sì tǐ bù qín wǔ gǔ bù fēn

解释 四体：四肢，人体双臂和双腿的合称。勤：做事尽力，不偷懒。五谷：稻、黍、稷、麦、菽五种谷物，泛指粮食作物。四肢懒惰不劳动，分不清五谷。形容脱离生产劳动，没有实践知识。

杀鸡为黍 shā jī wéi shǔ

解释 为黍：烹制黍饭。意谓宰鸡做饭，盛情款待宾客。

子路从而后，遇丈人，以杖荷蓧。

子路问曰："子见夫子乎？"

zhàng rén yuē　　　　sì tǐ bù qín　　wǔ gǔ bù fēn　　shú wéi fū zǐ　　　zhí
丈　人曰：“四体不勤，五谷不分。孰为夫子？”植

qí zhàng ér yún
其杖而芸（耘）。

zǐ lù gǒng ér lì
子路拱而立。

zhǐ zǐ lù sù　　shā jī wéi shǔ ér sì zhī　　xiàn　　　qí èr zǐ yān
止子路宿，杀鸡为黍而食之，见（现）其二子焉。

míng rì　　zǐ lù xíng yǐ gào
明日，子路行以告。

zǐ yuē　　　yǐn zhě yě　　　shǐ zǐ lù fǎn　　jiàn zhī　　zhì　　zé
子曰：“隐者也。”使子路反（返）见之。至，则

xíng yǐ
行矣。

zǐ lù yuē　　　bú shì wú yì　　zhǎng yòu zhī jié　　bù kě fèi yě　　jūn chén
子路曰：“不仕无义。长幼之节，不可废也；君臣

zhī yì　　rú zhī hé qí fèi zhī　　yù jié qí shēn　　ér luàn dà lún　　jūn zǐ zhī shì
之义，如之何其废之？欲洁其身，而乱大伦。君子之仕

yě　xíng qí yì yě　　dào zhī bù xíng　　yǐ zhī zhī yǐ
也，行其义也。道之不行，已知之矣。”

【译文】子路跟随孔子出行，落在了后面，遇到一个老丈，用拐杖挑着除草用的工具。

子路问道：“您看到我的老师了吗？”

老丈说：“四肢不劳动，五谷不认识，谁晓得你的老师是什么人？”说完，便扶着拐杖去除草了。

子路拱着手恭敬地站在一旁。

老丈留子路到他家住宿，杀鸡、做饭给子路吃，又叫他两个儿子出来相见。

第二天，子路赶上孔子，报告了这件事。

孔子说：“这是位隐士啊。”叫子路回去再看看他。子路到了那里，老丈已经走开了。

子路说:"不做官是不对的。长幼间的礼节是不可能废弃的;君臣间的大义怎么能废弃呢?想要自身清白,却破坏了根本的君臣伦理关系。君子出来做官,只是为尽应尽的责任义务。至于我们主张的道义行不通,早就知道了。"

jiàng zhì rǔ shēn
◆ 降志辱身

解释 降:压抑,减损。辱:侮辱,屈辱。降低自己的意志,屈辱自己的身份。指人委曲求全,与世俗同流合污。

wú kě wú bù kě
◆ 无可无不可

解释 没什么可以,也没什么不可以。表示怎样办都行,没有一定的主见。

yì mín bó yí shū qí yú zhòng yí yì zhū zhāng liǔ xià huì
逸民:伯夷、叔齐、虞仲、夷逸、朱张、柳下惠、

shào lián zǐ yuē bù jiàng qí zhì bù rǔ qí shēn bó yí shū qí yú
少连。子曰:"不降其志,不辱其身,伯夷、叔齐与

wèi liǔ xià huì shào lián jiàng zhì rǔ shēn yǐ yán zhòng
(欤)!"谓:"柳下惠、少连,降志辱身矣,言中

lún xíng zhòng lǜ qí sī ér yǐ yǐ wèi yú zhòng yí yì yǐn
伦,行中虑,其斯而已矣。"谓:"虞仲、夷逸,隐

jū fàng yán shēn zhòng qīng fèi zhòng quán wǒ zé yì yú shì wú kě wú bù
居放言,身中清,废中权。我则异于是,无可无不

kě
可。"

【译文】被遗落的人才有:伯夷、叔齐、虞仲、夷逸、朱张、柳下惠、少连。孔子说:"不降低自己的志向,不辱没自己的身份,就是伯夷和叔齐吧!"又说:"柳下惠、少连被迫降低自己的志向,屈辱自己的身份,但言语合乎伦理,行为合乎人心,也不过如此罢了。"又说:"虞仲、夷逸过着隐居生活,说话放肆直率,行为洁身自爱,弃官合乎权宜。我就和他们不一样,没有什么可以,也没有什么不可以。"

子张第十九

◆ 致远恐泥

zhì yuǎn kǒng nì

解释 致远：到达远方，比喻委以重任。泥：阻滞，拘泥，妨碍。恐怕妨碍实现远大目标。比喻小技无补于大业。

子夏曰："虽小道，必有可观者焉；致远恐泥，是以君子不为也。"

【译文】子夏说："即使是小技艺，也一定有可取之处，但执着钻研这些小技艺，恐怕会妨碍从事远大的事业，所以君子不做这些事。"

◆ 博学笃志

bó xué dǔ zhì

解释 博：广。笃：忠实，一心一意。博学：广泛求学。笃志：志向专一。广泛学习而志向坚定。

◆ 切问近思

qiè wèn jìn sī

解释 切：恳切。近思：想当前的问题。恳切地提问，多思虑当前的事情。

子夏曰："博学而笃志，切问而近思，仁在其中矣。"

【译文】子夏说："广泛地学习，坚守自己的志向，恳切地发问，多思考当前的事情，仁德就在其中了。"

jí wēn tīng lì
◆ **即温听厉**

解释 即：接近。温：温和。厉：严厉。指当面受到尊者的教诲。

zǐ xià yuē　　　jūn zǐ yǒu sān biàn　wàng zhī yǎn rán　　jí zhī yě wēn　　tīng
子夏曰："君子有三变：望之俨然，即之也温，听

qí yán yě　lì
其言也厉。"

【译文】子夏说："君子会使人感到有三种变化：远远望去庄严可畏，接近他时却温和可亲，听他说话则严厉不苟。"

xiǎo dé chū rù
◆ **小德出入**

解释 小德：小节。出入：偏离标准。指不必严格要求的一些小节。

zǐ xià yuē　　　　dà dé bù yú xián　xiǎo dé chū rù kě yě
子夏曰："大德不逾闲，小德出入可也。"

【译文】子夏说："大的道德节操上不能逾越界限，小节上有些出入是可以的。"

sǎ sǎo yìng duì
◆ **洒扫应对**

解释 洒水扫地，酬答宾客，泛指日常行事。洒水扫地、应对宾客、进退礼仪是古代儒家教育、学习的基本内容之一。

yǒu shǐ yǒu zhōng
◆ **有始有终**

解释 始：起初，开头。终：结局（与"始"相对）。有开头也有结尾，指做事能坚持到底，不半途而废。又作"有始有卒"。

zǐ yóu yuē　　　　zǐ xià zhī mén rén xiǎo zǐ　　dāng sǎ sǎo yìng duì jìn tuì　　zé

子游曰："子夏之门人小子，当洒扫应对进退，则

kě yǐ　　　yì mò yě　　běn zhī zé wú　　rú zhī hé

可矣，抑末也。本之则无，如之何？"

zǐ xià wén zhī　　yuē　　　yī　　yán yóu guò yǐ　　jūn zǐ zhī dào　　shú xiān

子夏闻之，曰："噫！言游过矣！君子之道，孰先

chuán yān　　shú hòu juàn yān　　pì zhū cǎo mù　　qū yǐ bié yǐ　　jūn zǐ zhī dào

传　焉？孰后倦焉？譬诸草木，区以别矣。君子之道，

yān kě wū yě　　yǒu shǐ yǒu zú zhě　　qí wéi shèng rén hū

焉可诬也？有始有卒者，其惟圣人乎！"

【译文】子游说："子夏的学生，做些打扫和迎送客人的事情是可以的，但这些不过是末节小事，根本的东西却没有学到，这怎么行呢？"

子夏听了，说："唉，子游错了！君子之道，先传授哪一条，后传授哪一条，这就像草和木一样，都是分类区别的。君子之道，怎么可以随意歪曲呢？能按次序有始有终，做到本末贯通的，恐怕只有圣人吧！"

108

xué ér yōu zé shì

◆ 学 而 优 则 仕 〈格〉

解释 优：即"裕"，有余力或有时间。仕：本义指做官，同"事"，也指事业。学习而有余力了，就可以出仕做官。也指学有余力进而成就一番事业。

zǐ xià yuē　　　　shì ér yōu zé xué　　xué ér yōu zé shì

子夏曰："仕而优则学，学而优则仕。"

【译文】子夏说："做官有余力的人就要加强学习，学问有余力的人就可以去做官。"

wù jū xià liú

◆ 恶 居 下 流

解释 恶：讨厌，憎恨。下流：即下游，引申为卑下的地位。原指君子不愿居于卑下的地位，现也指不甘居下游。

zǐ gòng yuē　　　zhòu zhī bú shàn　　bù rú shì zhī shèn yě　　shì yǐ jūn zǐ
子贡曰："纣之不善，不如是之甚也。是以君子
wù jū xià liú　　tiān xià zhī è jiē guī yān
恶居下流，天下之恶皆归焉。"

【译文】子贡说："商纣王的不善，不像现在流传得那么严重。所以君子忌讳身染污行，因为一沾污行，天下的坏事就都归集到他身上去了。"

wén wǔ zhī dào
◆ 文 武 之 道

解释　文、武：周朝开国的两个君王周文王和周武王，前者以文治著称，后者以武功著称。周文王、周武王治理国家的方法，借指文治和武功。

wèi gōng sūn cháo wèn yú zǐ gòng yuē　　　zhòng ní yān xué　　　　zǐ gòng
卫公孙朝问于子贡曰："仲尼焉学？"子贡
yuē　　wén wǔ zhī dào　　wèi zhuì yú dì　　zài rén　　xián zhě shí qí dà zhě　　bù
曰："文武之道，未坠于地，在人。贤者识其大者，不
xián zhě shí qí xiǎo zhě　　mò bù yǒu wén wǔ zhī dào yān　　fū zǐ yān bù xué　　ér yì
贤者识其小者。莫不有文武之道焉。夫子焉不学？而亦
hé cháng shī zhī yǒu
何 常 师 之 有？"

【译文】卫国的公孙朝问子贡说："仲尼的学问是从哪里学来的？"子贡说："周文王、武王的道，并没有失传，还散存于人们之间。贤能的人能抓住它的根本，不贤的人只了解它的末节。无处没有文王、武王之道存在。我的老师何处不在学习？又何必要有确定的老师专门传授呢？"

cì qiáng jí jiān
◆ 赐 墙 及 肩

解释　赐：孔子的得意门生子贡，原名端木赐。拿围墙打比方，一个到肩头高，一个有数仞高。比喻才学浅陋。

不 得 其 门 而 入
bù dé qí mén ér rù

解释 找不到大门，走不进去。比喻没有找到合适的途径。

叔孙武叔语大夫于朝曰："子贡贤于仲尼。"
shū sūn wǔ shū yù dà fū yú cháo yuē zǐ gòng xián yú zhòng ní

子服景伯以告子贡。
zǐ fú jǐng bó yǐ gào zǐ gòng

子贡曰："譬之宫墙，赐之墙也及肩，窥见室家
zǐ gòng yuē pì zhī gōng qiáng cì zhī qiáng yě jí jiān kuī jiàn shì jiā

之好。夫子之墙数仞，不得其门而入，不见宗庙之
zhī hǎo fū zǐ zhī qiáng shù rèn bù dé qí mén ér rù bú jiàn zōng miào zhī

美，百官（馆）之富。得其门者或寡矣。夫子之云，不
měi bǎi guǎn zhī fù dé qí mén zhě huò guǎ yǐ fū zǐ zhī yún bú

亦宜乎！"
yì yí hū

【译文】叔孙武叔在朝廷上对大夫们说："子贡比仲尼更贤。"

子服景伯把这话告诉了子贡。

子贡说："拿围墙来作比喻，我家的围墙只有齐肩高，从墙外可以看到里面房屋的美好。我老师家的围墙却有几仞高，如果找不到门进去，你就看不见里面宗庙的雄美、房屋的富丽。能够找到门进去的人或许太少了。所以叔孙武叔那样讲，不也是很自然吗？"

生 荣 死 哀
shēng róng sǐ āi

解释 荣：显达，尊贵。哀：哀伤，悲痛。活着受人尊敬，死了使人哀痛。用以赞誉受人敬仰的逝者。

陈子禽谓子贡曰："子为恭也，仲尼岂贤于子
chén zǐ qín wèi zǐ gòng yuē zǐ wéi gōng yě zhòng ní qǐ xián yú zǐ

乎？"
hū

子贡曰：“君子一言以为知（智），一言以为不知（智），言不可不慎也。夫子之不可及也，犹天之不可阶而升也。夫子之得邦家者，所谓立之斯立，道（导）之斯行，绥之斯来，动之斯和。其生也荣，其死也哀，如之何其可及也？”

【译文】陈子禽对子贡说：“您对仲尼是过于谦恭了吧，难道他比您还贤良吗？”

子贡说：“君子一句话可以表现他的智识，一句话也可以表现他的不智，所以说话不可以不慎重。夫子他老人家的高不可及，正像天是不能够顺着台阶爬上去一样。他老人家如果得国而为诸侯，或者得到采邑而为卿大夫，那就会像人们说的那样，教百姓立于礼，百姓就会立于礼；要引导百姓，百姓就会跟着前进；要安抚百姓，百姓就会从远方来投靠；要动员百姓，百姓就会同心协力。他老人家，活着十分光荣，死了极其可惜。我怎么能赶得上他呢？”

尧曰第二十

◆ 允执其中
yǔn zhí qí zhōng

解释 允：诚信。执：保持。其：那个。中：中正。真诚地坚持中庸之道。比喻真正做到恰到好处，言行不偏不倚，无过与不及。也作"允执厥中"。

◆ 简在帝心
jiǎn zài dì xīn

解释 简：阅，引申为知道。帝：天帝，皇帝。指被天帝所察知。后演变为被帝王所知晓、赏识。

◆ 兴灭继绝
xīng miè jì jué

解释 兴：兴起，复兴。继：延续，继续。灭、绝：灭亡，断绝。即兴起灭亡的国家或事物，继续灭绝的世代。使灭绝的重新振兴起来，延续下去。

◆ 天下归心
tiān xià guī xīn

解释 形容天下老百姓心悦诚服，全国的民心归于一统。

尧曰："咨！尔舜！天之历数在尔躬，允执其中。四海困穷，天禄永终。"

舜亦以命禹。

曰：“予小子履敢用玄牡，敢昭告于皇皇后帝：有罪不敢赦。帝臣不蔽，简在帝心。朕躬有罪，无以万方；万方有罪，罪在朕躬。”

周有大赉，善人是富。“虽有周亲，不如仁人。百姓有过，在予一人。”

谨权量，审法度，修废官，四方之政行焉。兴灭国，继绝世，举逸民，天下之民归心焉。

所重：民、食、丧、祭。

宽则得众，信则民任焉，敏则有功，公则说（悦）。

【译文】尧说：“啧啧！你这位舜啊！按照上天安排的次序，帝位要落到你身上了，你要真诚地执守中正之道。如果天下的百姓贫困穷苦，上天给你的禄位也就永远终止了。”

舜也这样告诫禹。

商汤说：“我履谨用黑色的公牛作为祭品，明白地禀告光明伟大的天帝：有罪的人我不敢擅自赦免。您的臣仆的罪过不敢掩盖隐瞒，这是您心中知道的。我本人如果有罪，不要牵连天下万方；天下万方有罪，罪责就在我一个人身上。”

周朝实行大封赏，使善人都富贵起来。周武王说：“虽然有至亲，也不如有仁人。百姓有罪过，罪过都在我一人身上。”

谨慎地检验并审定度量衡，恢复废弃了的职官，天下四方的政令就会通行了。复兴灭亡了的国家，承续已断绝的宗族，提拔被遗落的人才，天下的百姓就会诚心归服了。

所重视的是：民众，粮食，丧礼，祭祀。

宽厚就会得到众人的拥护，诚恳守信就会得到民众的信任，勤敏就能取得功绩，公正则大家心悦诚服。

望 而 生 畏
wàng ér shēng wèi

解释 望：看见。畏：恐惧，害怕。看见就感到害怕。

威 而 不 猛
wēi ér bù měng

解释 威：尊严，威严。猛：凶恶，刚猛。威武严肃，而不凶猛。

慢 令 致 期
màn lìng zhì qī

解释 慢：缓慢。致：极致。慢令：下达可缓慢执行的命令；也可理解为轻慢上司的命令。致期：在严格规定的期限内。自己延误了命令，却要人家限时做好。

子张 问于孔子曰："何如斯可以从政矣？"

子曰："尊五美，屏四恶，斯可以从政矣。"

子张曰："何谓五美？"

子曰："君子惠而不费，劳而不怨，欲而不贪，泰而不骄，威而不猛。"

子张曰："何谓惠而不费？"

子曰："因民之所利而利之，斯不亦惠而不费乎？

择可劳而劳之，又谁怨？欲仁而得仁，又焉贪？君子无众寡，无小大，无敢慢，斯不亦泰而不骄乎？君子正其衣冠，尊其瞻视，俨然人望而畏之，斯不亦威而不猛乎？"

子张曰："何谓四恶？"

子曰："不教而杀谓之虐；不戒视成谓之暴；慢令致期谓之贼；犹之与人也，出纳之吝谓之有司。"

【译文】子张问孔子："怎样可以处理政事呢？"

孔子说："尊崇五种美德，排除四种恶政，这样就可以处理政事了。"

子张问："五种美德是什么？"

孔子说："君子给百姓以好处而无损其他；使百姓劳作而不使他们怨恨；追求仁德而不贪图财利；庄重而不傲慢；威严而不凶猛。"

子张说："给百姓以好处，自己却无所耗费，这应该怎么办呢？"

孔子说："就着百姓们应该得利的方面去做对他们有利的事，这不就是惠而不费吗？选择可以让百姓们做的事情让他们去做，又有谁会怨恨呢？自己追求仁德便得到了仁德，还贪求什么呢？君子对人，无论人数多少，无论势力大小，都不敢怠慢他们，这不就是泰而不骄吗？君子衣冠整齐，目不斜视，使人望见而心生敬畏，这不也是威而不猛吗？"

子张问："什么叫四种恶政呢？"

孔子说："不经教化便加以杀戮叫作虐；不加告诫和指导便苛求成绩叫作暴；起先懈怠，不加提醒，而突然限期叫作贼；给人财物，出手吝啬，叫作小气。"

《论语》全文

学而第一

1.1 子曰："学而时习之，不亦说（悦）（yuè）乎？有朋自远方来，不亦乐乎？人不知，而不愠（yùn），不亦君子乎？"

1.2 有子曰："其为人也孝弟（悌）（tì），而好犯上者，鲜矣；不好犯上，而好作乱者，未之有也。君子务本，本立而道生。孝弟（悌）也者，其为仁之本与（欤）（yú）！"

1.3 子曰："巧言令色，鲜矣仁！"

1.4 曾子曰："吾日三省吾身——为人谋而不忠乎？与朋友交而不信乎？传不习乎？"

1.5 子曰："道（导）千乘之国，敬事而信，节用而爱人，使民以时。"

1.6 子曰："弟子，入则孝，出则弟（悌），谨（jǐn）而信，泛爱众，而亲仁。行有余力，则以学文。"

1.7 子夏曰："贤贤易色；事父母，能竭（jié）其力；事君，能致其身；与朋友交，言而有信。虽曰未学，吾必谓之学矣。"

1.8 子曰："君子不重，则不威；学则不固。主忠信，无（毋）友不如己者。过，则勿惮（dàn）改。"

1.9 曾子曰："慎终，追远，民德归厚矣。"

1.10 子禽问于子贡曰："夫子至于是邦也，必闻其政，求之与（欤）？抑与之与（欤）？"子贡曰："夫子温、良、恭、俭、让以得之。夫子之求之也，其诸异乎人之求之与（欤）？"

1.11 子曰："父在，观其志；父没（mò），观其行。三年无改于父之道，可谓孝矣。"

1.12 有子曰："礼之用，和为贵。先王之道，斯为美；小大由之。有所不行，知和而和，不以礼节之，亦不可行也。"

1.13 有子曰："信近于义，言可复也。恭近于礼，远耻辱也。因不失其亲，亦可宗也。"

1.14 子曰："君子食无求饱，居无求安，敏于事而慎于言，就有道而正焉，可谓好学也已。"

1.15 子贡曰："贫而无谄（chǎn），富而无骄。何如？"子曰："可也；未若贫而乐，富而好礼者也。"子贡曰："《诗》云：'如切如磋（cuō），如琢（zhuó）如磨。'其斯之谓与（欤）？"子曰："赐也，始可与言《诗》已矣，告诸往而知来者。"

1.16 子曰："不患人之不己知，患不知人也。"

为政第二

2.1 子曰："为政以德，譬（pì）如北辰，居其所而众星共（拱）（gǒng）之。"

2.2 子曰："《诗》三百，一言以蔽（bì）之，曰：'思无邪（xié）。'"

2.3 子曰："道（导）（dǎo）之以政，齐之以刑，民免而无耻；道（导）之以德，齐之以礼，有耻且格。"

2.4 子曰："吾十有（又）（yòu）五而志于学，三十而立，四十而不惑，五十而知天命，六十而耳顺，七十而从心所欲，不逾矩（yú jǔ）。"

2.5 孟懿（yì）子问孝。子曰："无违。"樊迟御（yù），子告之曰："孟孙问孝于我，我对曰，无违。"樊迟曰："何谓也？"子曰："生，事之以礼；死，葬（zàng）之以礼，祭之以礼。"

2.6 孟武伯问孝。子曰："父母唯其疾之忧。"

2.7 子游问孝。子曰："今之孝者，是谓能养。至于犬马，皆能有养；不敬，何以别乎？"

2.8 子夏问孝。子曰："色难。有事，弟子服其劳；有酒食（sì），先生馔（zhuàn），曾（céng）是以为孝乎？"

2.9 子曰："吾与回言终日，不违，如愚。退而省（xǐng）其私，亦足以发，回也不愚。"

2.10　子曰："视其所以，观其所由，察其所安。人焉廋（sōu）哉？人焉廋哉？

2.11　子曰："温故而知新，可以为师矣。"

2.12　子曰："君子不器。"

2.13　子贡问君子。子曰："先行其言而后从之。"

2.14　子曰："君子周而不比，小人比而不周。"

2.15　子曰："学而不思则罔（惘）（wǎng），思而不学则殆（dài）。"

2.16　子曰："攻乎异端，斯害也已。"

2.17　子曰："由！诲女（汝）（rǔ）知之乎！知之为知之，不知为不知，是知（智）（zhì）也。"

2.18　子张学干（gān）禄。子曰："多闻阙（què）疑，慎言其余，则寡（guǎ）尤；多见阙殆，慎行其余，则寡悔。言寡尤，行寡悔，禄在其中矣。"

2.19　哀公问曰："何为则民服？"孔子对曰："举直错诸枉，则民服；举枉错诸直，则民不服。"

2.20　季康子问："使民敬、忠以劝，如之何？"子曰："临之以庄，则敬；孝慈，则忠；举善而教不能，则劝。"

2.21　或谓孔子曰："子奚（xī）不为政？"子曰："《书》云：'孝乎惟孝，友于兄弟，施于有政。'是亦为政。奚其为为政？"

2.22　子曰："人而无信，不知其可也。大车无輗（ní），小车无軏（yuè），其何以行之哉？"

2.23　子张问："十世可知也？"子曰："殷（yīn）因与夏礼，所损益，可知也；周因于殷礼，所损益，可知也。其或继周者，虽百世，可知也。"

2.24　子曰："非其鬼而祭之，谄也。见义不为，无勇也。"

八佾第三

3.1　孔子谓季氏："八佾（yì）舞于庭，是可忍也，孰不可忍也？"

3.2　三家者以《雍（yōng）》彻（撤）。子曰："'相维辟（bì）公，天子穆（mù）穆。'奚取于三家之堂？"

3.3　子曰："人而不仁，如礼何？人而不仁，如乐（yuè）何？"

3.4　林放问礼之本。子曰："大哉问！礼，与其奢（shē）也，宁俭；丧，与其易也，宁戚（qī）。"

3.5　子曰："夷狄之有君，不如诸夏之亡（无）（wú）也。"

3.6　季氏旅于泰山。子谓冉有曰："女（汝）弗能救与（欤）？"对曰："不能。"子曰："呜呼！曾（céng）谓泰山不如林放乎？"

3.7　子曰："君子无所争。必也射乎！揖（yī）让而升，下而饮。其争也君子。"

3.8　子夏问曰："'巧笑倩兮，美目盼兮，素以为绚（xuàn）兮。'何谓也？"子曰："绘事后素。"曰："礼后乎？"子曰："起予者商也！始可与言《诗》已矣。"

3.9　子曰："夏礼，吾能言之，杞不足征也；殷礼，吾能言之，宋不足征也。文献不足故也。足，则吾能征之矣。"

3.10　子曰："禘（dì）自既灌（guàn）而往者，吾不欲观之矣。"

3.11　或问禘之说。子曰："不知也；知其说者之于天下也，其如示（置）诸斯乎！"指其掌。

3.12　祭如在，祭神如神在。子曰："吾不与（yù）祭，如不祭。"

3.13　王孙贾（gǔ）问曰："与其媚于奥，宁媚于灶，何谓也？"子曰："不然，获罪于天，无所祷（dǎo）也。"

3.14　子曰："周监（鉴）（jiàn）于二代，郁郁乎文哉！吾从周。"

3.15　子入太庙，每事问。或曰："孰谓鄹（zōu）人之子知礼乎？入太庙，每事问。"子闻之，曰："是礼也。"

3.16　子曰："射不主皮，为力不同科，古之道也。"

3.17　子贡欲去告朔（shuò）之饩（xì）羊。子曰："赐也！尔爱其羊，我爱其礼。"

3.18　子曰："事君尽礼，人以为谄也。"

3.19　定公问："君使臣，臣事君，如之何？"孔子对曰："君使臣以礼，臣事君以忠。"

3.20　子曰："《关雎（jū）》，乐而不淫（yín），哀而不伤。"

3.21　哀公问社于宰我。宰我对曰："夏后氏以松，殷人以柏，周人以栗，曰，使民战栗。"子闻之，曰："成事不说，遂事不谏（jiàn），既往不咎（jiù）。"

3.22　子曰："管仲之器小哉！"或曰："管仲俭乎？"曰："管氏有三归，官事不摄，焉得俭？""然则管仲知礼乎？"曰："邦君树塞门，管氏亦树塞门。邦君为两君之好，有反坫（diàn），管氏亦有反坫。管氏而知礼，孰不知礼？"

3.23　子语（yù）鲁大（太）（tài）师乐（yuè），曰："乐其可知也：始作，翕（xī）如也；从（纵）（zòng）之，纯如也，皦（jiǎo）如也，绎如也，以成。"

3.24　仪封人请见（现），曰："君子之至于斯也，吾未尝不得见也。"从者见（现）之。出曰："二三子何患于丧乎？天下之无道也久矣，天将以夫子为木铎（duó）。"

3.25　子谓《韶（sháo）》："尽美矣，又尽善也。"谓《武》："尽美矣，未尽善也。"

3.26　子曰："居上不宽，为礼不敬，临丧不哀，吾何以观之哉？"

里仁第四

4.1　子曰："里仁为美。择不处仁，焉得知（智）（zhì）？"

4.2　子曰："不仁者不可以久处约，不可以长处乐。仁者安仁，知（智）者利仁。"

4.3　子曰："唯仁者能好（hào）人，能恶（wù）人。"

4.4　子曰："苟志于仁矣，无恶（è）也。"

4.5　子曰："富与贵，是人之所欲也；不以其道得之，不处（chǔ）也。贫与贱，是人之所恶也；不以其道得之，不去也。君子去仁，恶（乌）（wū）乎成名？君子无终食之间违仁，造次必于是，颠沛（diān pèi）必于是。"

4.6　子曰："我未见好（hào）仁者，恶（wù）不仁者。好仁者，无以尚之；恶不仁者，其为仁矣，不使不仁者加乎其身。有能一日用其力于仁矣乎？

我未见力不足者。盖有之矣，我未之见也。"

4.7　子曰："人之过也，各于其党。观过，斯知仁（人）矣。"

4.8　子曰："朝闻道，夕死可矣。"

4.9　子曰："士志于道，而耻恶（è）衣恶食者，未足与议也。"

4.10　子曰："君子之于天下也，无适（dí）也，无莫（mù）也，义之与比。"

4.11　子曰："君子怀德，小人怀土；君子怀刑，小人怀惠。"

4.12　子曰："放（仿）于利而行，多怨。"

4.13　子曰："能以礼让为国乎？何有？不能以礼让为国，如礼何？"

4.14　子曰："不患无位，患所以立。不患莫己知，求为可知也。"

4.15　子曰："参乎！吾道一以贯之。"曾子曰："唯。"子出，门人问曰："何谓也？"曾子曰："夫子之道，忠恕而已矣。"

4.16　子曰："君子喻于义，小人喻于利。"

4.17　子曰："见贤思齐焉，见不贤而内自省也。"

4.18　子曰："事父母几（jī）谏。见志不从，又敬不违，劳而不怨。"

4.19　子曰："父母在，不远游，游必有方。"

4.20　子曰："三年无改于父之道，可谓孝矣。"

4.21　子曰："父母之年，不可不知也。一则以喜，一则以惧。"

4.22　子曰："古者言之不出，耻躬之不逮（dài）也。"

4.23　子曰："以约失之者鲜矣。"

4.24　子曰："君子欲讷（nè）于言而敏于行。"

4.25　子曰："德不孤，必有邻。"

4.26　子游曰："事君数（shuò），斯辱矣；朋友数，斯疏矣。"

公冶长第五

5.1　子谓公冶长，"可妻（qì）也。虽在缧绁（léi xiè）之中，非其罪也"。以其子妻之。

5.2　子谓南容，"邦有道，不废；邦无道，免于刑戮（lù）"。以其兄之子妻之。

5.3 子谓子贱："君子哉若人！鲁无君子者，斯焉取斯？"

5.4 子贡问曰："赐也何如？"子曰："女（汝）（rǔ），器也。"曰："何器也？"曰："瑚琏（hú liǎn）也。"

5.5 或曰："雍也仁而不佞（nìng）。"子曰："焉用佞。御人以口给（jǐ），屡憎于人。不知其仁，焉用佞？"

5.6 子使漆雕开仕，对曰："吾斯之未能信。"子说（悦）（yuè）。

5.7 子曰："道不行，乘桴（fú）浮于海。从我者，其由与（欤）？"子路闻之喜。子曰："由也好勇过我，无所取材。"

5.8 孟武伯问子路仁乎？子曰："不知也。"又问。子曰："由也，千乘（shèng）之国，可使治其赋也，不知其仁也。""求也何如？"子曰："求也，千室之邑（yì），百乘之家，可使为之宰也，不知其仁也。""赤也何如？"子曰："赤也，束带立于朝，可使与宾客言也，不知其仁也。"

5.9 子谓子贡曰："女（汝）与回也孰愈（yù）？"对曰："赐也何敢望回？回也闻一以知十，赐也闻一以知二。"子曰："弗如也；吾与女（汝）弗如也。"

5.10 宰予昼寝（zhòu qǐn）。子曰："朽木不可雕也，粪土之墙不可杇（圬）（wū）也；于予与何诛？"子曰："始吾于人也，听其言而信其行；今吾于人也，听其言而观其行。于予与改是。"

5.11 子曰："吾未见刚者。"或对曰："申枨（chéng）。"子曰："枨也欲，焉得刚？"

5.12 子贡曰："我不欲人之加诸我也，吾亦欲无加诸人。"子曰："赐也，非尔所及也。"

5.13 子贡曰："夫子之文章，可得而闻也；夫子之言性与天道，不可得而闻也。"

5.14 子路有闻，未之能行，唯恐有（又）（yòu）闻。

5.15 子贡问曰："孔文子何以谓之'文'也？"子曰："敏而好学，不耻下问，是以谓之'文'也。"

5.16 子谓子产："有君子之道四焉：其行己也恭，其事上也敬，其养民也惠，其使民也义。"

5.17　子曰："晏平仲善与人交，久而敬之。"

5.18　子曰："臧（zāng）文仲居蔡，山节藻棁（zhuō），何如其知（智）也？"

5.19　子张问曰："令尹子文三仕为令尹，无喜色；三已之，无愠色。旧令尹之政，必以告新令尹。何如？"子曰："忠矣。"曰："仁矣乎？"曰："未知；——焉得仁？"

"崔子弑（shì）齐君。陈文子有马十乘，弃而违之。至于他邦，则曰：'犹吾大夫崔子也。'违之。之一邦，则又曰：'犹吾大夫崔子也。'违之。何如？"子曰："清矣。"曰："仁矣乎？"曰："未知；——焉得仁？"

5.20　季文子三思而后行。子闻之，曰："再，斯可矣。"

5.21　子曰："宁武子，邦有道，则知（智）；邦无道，则愚。其知（智）可及也，其愚不可及也。"

5.22　子在陈，曰："归与（欤）！归与（欤）！吾党之小子狂简，斐（fěi）然成章，不知所以裁之。"

5.23　子曰："伯夷、叔齐不念旧恶，怨是用希（稀）。"

5.24　子曰："孰谓微生高直？或乞醯（xī）焉，乞诸其邻而与（yǔ）之。"

5.25　子曰："巧言、令色、足恭，左丘明耻之，丘亦耻之。匿（nì）怨而友其人，左丘明耻之，丘亦耻之。"

5.26　颜渊季路侍。子曰："盍各言尔志？"子路曰："愿车马、衣（yì）轻裘（qiú）与朋友共，敝（bì）之而无憾。"颜渊曰："愿无伐善，无施劳。"子路曰："愿闻子之志。"子曰："老者安之，朋友信之，少者怀之。"

5.27　子曰："已矣乎，吾未见能见其过而内自讼者也。"

5.28　子曰："十室之邑，必有忠信如丘者焉，不如丘之好学也。"

雍也第六

6.1　子曰："雍也可使南面。"

6.2　仲弓问子桑伯子。子曰："可也，简。"仲弓曰："居敬而行简，以临其民，不亦可乎？居简而行简，无乃大（太）（tài）简乎？"子曰："雍之言然。"

6.3　哀公问："弟子孰为好学？"孔子对曰："有颜回者好学，不迁怒，不贰（èr）过。不幸短命死矣，今也则亡（无）（wú），未闻好学者也。"

6.4　子华使于齐，冉子为其母请粟。子曰："与之釜（fǔ）。"请益。曰："与之庾（yǔ）。"冉子与之粟五秉（bǐng）。子曰："赤之适齐也，乘肥马，衣（yì）轻裘。吾闻之也：君子周急不继富。"

6.5　原思为之宰，与之粟九百，辞。子曰："毋！以与（yǔ）尔邻里乡党乎！"

6.6　子谓仲弓，曰："犁牛之子骍（xīng）且角，虽欲勿用，山川其舍诸？"

6.7　子曰："回也，其心三月不违仁，其余则日月至焉而已矣。"

6.8　季康子问："仲由可使从政也与（欤）？"子曰："由也果，于从政乎何有？"曰："赐也可使从政也与（欤）？"曰："赐也达，于从政乎何有？"曰："求也可使从政也与（欤）？"曰："求也艺，于从政乎何有？"

6.9　季氏使闵（mǐn）子骞（qiān）为（wéi）费（鄪）（bì）宰。闵子骞曰："善为（wèi）我辞焉！如有复我者，则吾必在汶（wèn）上矣。"

6.10　伯牛有疾，子问之，自牖（yǒu）执其手，曰："亡之，命矣夫！斯人也而有斯疾也！斯人也而有斯疾也！"

6.11　子曰："贤哉，回也！一箪（dān）食，一瓢饮，在陋（lòu）巷，人不堪其忧，回也不改其乐。贤哉，回也！"

6.12　冉求曰："非不说（悦）子之道，力不足也。"子曰："力不足者，中道而废。今女（汝）画。"

6.13　子谓子夏曰："女（汝）为君子儒！无为小人儒！"

6.14　子游为武城宰。子曰："女（汝）得人焉耳乎？"曰："有澹（tán）台灭明者，行不由径。非公事，未尝至于偃（yǎn）之室也。"

6.15　子曰："孟之反不伐，奔而殿，将入门，策其马，曰：'非敢后也，马不进也。'"

6.16　子曰："不有祝鲍（tuó）之佞，而有宋朝（zhāo）之美，难乎免于今之世矣。"

6.17　子曰："谁能出不由户？何莫由斯道也？"

6.18　子曰："质胜文则野，文胜质则史。文质彬彬，然后君子。"

6.19　子曰："人之生也直，罔（wǎng）之生也幸而免。"

6.20　子曰："知之者不如好（hào）之者，好之者不如乐之者。"

6.21　子曰："中人以上，可以语（yù）上也；中人以下，不可以语上也。"

6.22　樊迟问知（智）。子曰："务民之义，敬鬼神而远之，可谓知（智）矣。"问仁。曰："仁者先难而后获，可谓仁矣。"

6.23　子曰："知（智）者乐（yào）水，仁者乐山。知（智）者动，仁者静。知（智）者乐（lè），仁者寿。"

6.24　子曰："齐一变，至于鲁；鲁一变，至于道。"

6.25　子曰："觚（gū）不觚，觚哉！觚哉！"

6.26　宰我问曰："仁者，虽告之曰：'井有仁焉。'其从之也？"子曰："何为其然也？君子可逝也，不可陷也；可欺也，不可罔也。"

6.27　子曰："君子博学于文，约之以礼，亦可以弗畔（叛）（pàn）矣夫。"

6.28　子见南子，子路不说（悦）（yuè）。夫子矢之曰："予所否者，天厌之！天厌之！"

6.29　子曰："中庸之为德也，其至矣乎！民鲜久矣。"

6.30　子贡曰："如有博施于民而能济众，何如？可谓仁乎？"子曰："何事于仁！必也圣乎！尧（yáo）舜（shùn）其犹病诸！夫仁者，己欲立而立人，己欲达而达人。能近取譬，可谓仁之方也已。"

述而第七

7.1　子曰："述而不作，信而好古，窃（qiè）比于我老彭。"

7.2　子曰："默而识（志）（zhì）之，学而不厌，诲人不倦，何有于我哉？"

7.3 子曰："德之不修，学之不讲，闻义不能徙，不善不能改，是吾忧也。"

7.4 子之燕（宴）居，申申如也，夭夭如也。

7.5 子曰："甚矣，吾衰也！久矣，吾不复梦见周公！"

7.6 子曰："志于道，据于德，依于仁，游于艺。"

7.7 子曰："自行束脩（xiū）以上，吾未尝无诲（huì）焉！"

7.8 子曰："不愤不启，不悱（fěi）不发，举一隅（yú）不以三隅反，则不复也。"

7.9 子食于有丧者之侧，未尝饱也。

7.10 子于是日哭，则不歌。

7.11 子谓颜渊曰："用之则行，舍之则藏，惟我与尔有是夫！"子路曰："子行三军，则谁与？"子曰："暴虎冯（píng）河，死而无悔者，吾不与（yǔ）也。必也临事而惧，好谋而成者也。"

7.12 子曰："富而可求也，虽执鞭之士，吾亦为之。如不可求，从吾所好。"

7.13 子之所慎：齐（斋）（zhāi），战，疾。

7.14 子在齐闻《韶》，三月不知肉味。曰："不图为乐（yuè）之至于斯也！"

7.15 冉有曰："夫子为（wèi）卫君乎？"子贡曰："诺；吾将问之。"入，曰："伯夷、叔齐何人也？"曰："古之贤人也。"曰："怨乎？"曰："求仁而得仁，又何怨？"出，曰："夫子不为也。"

7.16 子曰："饭疏食饮水，曲肱（qū gōng）而枕之，乐亦在其中矣。不义而富且贵，于我如浮云。"

7.17 子曰："加我数年，五十以学《易》，可以无大过矣。"

7.18 子所雅言，《诗》、《书》、执礼，皆雅言也。

7.19 叶（shè）公问孔子于子路，子路不对。子曰："女（汝）奚不曰，其为人也，发愤忘食，乐以忘忧，不知老之将至云尔。"

7.20 子曰："我非生而知之者，好古，敏以求之者也。"

7.21　子不语：怪、力、乱、神。

7.22　子曰："三人行，必有我师焉。择其善者而从之，其不善者而改之。"

7.23　子曰："天生德于予，桓魋（huán tuí）其如予何？"

7.24　子曰："二三子以我为隐乎？吾无隐乎尔。吾无行而不与（yǔ）二三子者，是丘也。"

7.25　子以四教：文，行，忠，信。

7.26　子曰："圣人，吾不得而见之矣；得见君子者，斯可矣。"子曰："善人，吾不得而见之矣；得见有恒者，斯可矣。亡（无）而为有，虚而为盈，约而为泰，难乎有恒矣。"

7.27　子钓而不纲，弋（yì）不射宿。

7.28　子曰："盖有不知而作之者，我无是也。多闻，择其善者而从之；多见而识（志）（zhì）之；知之次也。"

7.29　互乡难与言，童子见（现）（xiàn），门人惑。子曰："与其进也，不与其退也，唯何甚？人洁己以进，与其洁也，不保其往也。"

7.30　子曰："仁远乎哉？我欲仁，斯仁至矣。"

7.31　陈司败问昭公知礼乎，孔子曰："知礼。"孔子退，揖巫马期而进之，曰："吾闻君子不党，君子亦党乎？君取于吴，为同姓，谓之吴孟子。君而知礼，孰不知礼？"巫马期以告。子曰："丘也幸，苟有过，人必知之。"

7.32　子与人歌而善，必使反之，而后和（hè）之。

7.33　子曰："文，莫吾犹人也。躬行君子，则吾未之有得。"

7.34　子曰："若圣与仁，则吾岂敢？抑为之不厌，诲人不倦，则可谓云尔已矣。"公西华曰："正唯弟子不能学也。"

7.35　子疾病，子路请祷。子曰："有诸？"子路对曰："有之；《诔（lěi）》曰：'祷尔于上下神祇（qí）。'"子曰："丘之祷久矣。"

7.36　子曰："奢则不孙（逊）（xùn），俭则固。与其不孙（逊）也，宁（nìng）固。"

7.37　子曰："君子坦荡荡，小人长戚戚。"

7.38　子温而厉，威而不猛，恭而安。

泰伯第八

8.1　子曰："泰伯，其可谓至德也已矣。三以天下让，民无得而称焉。"

8.2　子曰："恭而无礼则劳，慎而无礼则葸（xǐ），勇而无礼则乱，直而无礼则绞（jiǎo）。君子笃（dǔ）于亲，则民兴于仁；故旧不遗，则民不偷。"

8.3　曾子有疾，召门弟子曰："启予足！启予手！《诗》云：'战战兢兢，如临深渊，如履薄冰。'而今而后，吾知免夫！小子！"

8.4　曾子有疾，孟敬子问之。曾子言曰："鸟之将死，其鸣也哀；人之将死，其言也善。君子所贵乎道者三：动容貌，斯远暴慢矣；正颜色，斯近信矣；出辞气，斯远鄙（bǐ）倍（背）（bèi）矣。笾（biān）豆之事，则有司存。"

8.5　曾子曰："以能问于不能，以多问于寡；有若无，实若虚；犯而不校（jiào）——昔者吾友尝从事于斯矣。"

8.6　曾子曰："可以托六尺之孤，可以寄百里之命，临大节而不可夺也——君子人与（欤）？君子人也。"

8.7　曾子曰："士不可以不弘毅，任重而道远。仁以为己任，不亦重乎？死而后已，不亦远乎？"

8.8　子曰："兴于《诗》，立于礼，成于乐（yuè）。"

8.9　子曰："民可使由之，不可使知之。"

8.10　子曰："好勇疾贫，乱也。人而不仁，疾之已甚，乱也。"

8.11　子曰："如有周公之才之美，使骄且吝（lìn），其余不足观也已。"

8.12　子曰："三年学，不至于谷，不易得也。"

8.13　子曰："笃信好（hào）学，守死善道。危邦不入，乱邦不居。天下有道则见（现）（xiàn），无道则隐。邦有道，贫且贱焉，耻也；邦无道，富且贵焉，耻也。"

8.14　子曰："不在其位，不谋其政。"

8.15　子曰："师挚之始，《关雎》之乱，洋洋乎盈耳哉！"

8.16　子曰："狂而不直，侗（tóng）而不愿，悾（kōng）悾而不信，吾不知之矣。"

8.17 子曰："学如不及，犹恐失之。"

8.18 子曰："巍巍乎，舜禹（yǔ）之有天下也而不与（yù）焉。"

8.19 子曰："大哉尧之为君也！巍巍乎！唯天为大，唯尧则之。荡荡乎，民无能名焉。巍巍乎其有成功也，焕乎其有文章！"

8.20 舜有臣五人而天下治。武王曰："予有乱臣十人。"孔子曰："才难，不其然乎？唐虞（yú）之际，于斯为盛。有妇人焉，九人而已。三分天下有其二，以服事殷。周之德，其可谓至德也已矣。"

8.21 子曰："禹，吾无间（jiàn）然矣。菲（fěi）饮食而致孝乎鬼神，恶（è）衣服而致美乎黻冕（fú miǎn），卑宫室而尽力乎沟洫（xù）。禹，吾无间然矣。"

子罕第九

9.1 子罕言利与命与仁。

9.2 达巷党人曰："大哉孔子！博学而无所成名。"子闻之，谓门弟子曰："吾何执？执御乎？执射乎？吾执御矣。"

9.3 子曰："麻冕，礼也；今也纯，俭，吾从众。拜下，礼也；今拜乎上，泰也。虽违众，吾从下。"

9.4 子绝四——毋（wú）意，毋必，毋固，毋我。

9.5 子畏于匡，曰："文王既没（mò），文不在兹乎？天之将丧斯文也，后死者不得与（yù）于斯文也；天之未丧斯文也，匡人其如予何？"

9.6 太宰问于子贡曰："夫子圣者与（yú）？何其多能也？"子贡曰："固天纵之将（jiāng）圣，又多能也。"子闻之，曰："太宰知我乎！吾少也贱，故多能鄙（bǐ）事。君子多乎哉？不多也。"

9.7 牢曰："子云，'吾不试，故艺'。"

9.8 子曰："吾有知乎哉？无知也。有鄙夫问于我，空空如也。我叩其两端而竭焉。"

9.9 子曰："凤鸟不至，河不出图，吾已矣夫！"

9.10　子见齐（zī）衰（缞）（cuī）者、冕衣裳者与瞽（gǔ）者，见之，虽少（shào），必作；过之，必趋。

9.11　颜渊喟（kuì）然叹曰："仰之弥高，钻之弥坚。瞻（zhān）之在前，忽焉在后。夫子循循然善诱人，博我以文，约我以礼，欲罢不能。既竭吾才，如有所立卓尔。虽欲从之，末由也已。"

9.12　子疾病，子路使门人为臣。病间（jiàn），曰："久矣哉，由之行诈也！无臣而为有臣。吾谁欺？欺天乎！且予与其死于臣之手也，无宁死于二三子之手乎！且予纵不得大葬，予死于道路乎？"

9.13　子贡曰："有美玉于斯，韫椟（yùn dú）而藏诸？求善贾（价）（jià）而沽（gū）诸？"子曰："沽之哉！沽之哉！我待贾（gǔ）者也。"

9.14　子欲居九夷。或曰："陋，如之何？"子曰："君子居之，何陋之有？"

9.15　子曰："吾自卫反（返）鲁，然后乐（yuè）正，《雅》《颂》各得其所。"

9.16　子曰："出则事公卿（qīng），入则事父兄，丧事不敢不勉，不为酒困，何有于我哉？"

9.17　子在川上，曰："逝者如斯夫！不舍昼夜。"

9.18　子曰："吾未见好德如好色者也。"

9.19　子曰："譬如为山，未成一篑（kuì），止，吾止也。譬如平地，虽覆一篑，进，吾往也。"

9.20　子曰："语（yù）之而不惰者，其回也与（欤）！"

9.21　子谓颜渊，曰："惜乎！吾见其进也，未见其止也。"

9.22　子曰："苗而不秀者有矣夫！秀而不实者有矣夫！"

9.23　子曰："后生可畏，焉知来者之不如今也？四十、五十而无闻焉，斯亦不足畏也已。"

9.24　子曰："法语之言，能无从乎？改之为贵。巽（xùn）与（yǔ）之言，能无说（悦）（yuè）乎？绎之为贵。说（悦）而不绎，从而不改，吾末如之何也已矣。"

9.25　子曰："主忠信，毋友不如己者，过则勿惮（dàn）改。"

9.26 子曰："三军可夺帅也，匹夫不可夺志也。"

9.27 子曰："衣（yì）敝（bì）缊（yùn）袍，与衣（yì）狐貉（hé）者立，而不耻者，其由也与（欤）？'不忮（zhì）不求，何用不臧？'"子路终身诵之。子曰："是道也，何足以臧？"

9.28 子曰："岁寒，然后知松柏之后凋也。"

9.29 子曰："知（智）者不惑，仁者不忧，勇者不惧。"

9.30 子曰："可与共学，未可与适道；可与适道，未可与立；可与立，未可与权。"

9.31 "唐棣（dì）之华（花）（huā），偏其反而。岂不尔思？室是远而。"子曰："未之思也，夫何远之有？"

乡党第十

10.1 孔子于乡党，恂（xún）恂如也，似不能言者。其在宗庙朝廷，便（pián）便言，唯谨（jǐn）尔。

10.2 朝，与下大夫言，侃（kǎn）侃如也；与上大夫言，訚（yín）訚如也。君在，踧踖（cù jí）如也，与（yǔ）与如也。

10.3 君召使摈（傧）（bìn），色勃（bó）如也，足躩（jué）如也。揖（yī）所与立，左右手，衣前后，襜（chān）如也。趋进，翼（yì）如也。宾退，必复命曰："宾不顾矣。"

10.4 入公门，鞠躬（jū gōng）如也，如不容。立不中门，行不履（lǚ）阈（yù）。过位，色勃如也，足躩如也，其言似不足者。摄齐（zī）升堂，鞠躬如也，屏气似不息者。出，降一等，逞（chěng）颜色，怡怡如也。没阶，趋进，翼如也。复其位，踧踖如也。

10.5 执圭（guī），鞠躬如也，如不胜（shēng）。上如揖，下如授。勃如战色，足蹜（suō）蹜如有循。享礼，有容色。私觌（dí），愉愉如也。

10.6 君子不以绀（gàn）緅（zōu）饰，红紫不以为亵（xiè）服。当暑，袗（zhěn）絺（chī）绤（xì），必表而出之。缁（zī）衣，羔裘；素衣，麑（ní）裘；黄衣，狐裘。亵裘长，短右袂（mèi）。必有寝（qǐn）衣，长一身有（又）（yòu）半。狐貉之厚以居。去丧，无所不佩。非帷（wéi）裳（cháng），必杀（shài）之。羔裘玄冠不以吊。吉月，必朝（cháo）服而朝。

10.7　齐（斋）（zhāi），必有明衣，布。齐（斋）必变食，居必迁坐。

10.8　食不厌精，脍（kuài）不厌细。食饐（yì）而餲（ài），鱼馁（něi）而肉败，不食。色恶（è），不食。臭（xiù）恶（è），不食。失饪（rèn），不食。不时，不食。割不正，不食。不得其酱（jiàng），不食。肉虽多，不使胜食气。唯酒无量，不及乱。沽（gū）酒市脯（fǔ），不食。不撤姜食，不多食。

10.9　祭于公，不宿肉。祭肉不出三日。出三日，不食之矣。

10.10　食不语，寝不言。

10.11　虽疏食菜羹（gēng），瓜祭，必齐（斋）（zhāi）如也。

10.12　席不正，不坐。

10.13　乡人饮酒，杖者出，斯出矣。

10.14　乡人傩（nuó），朝服而立于阼（zuò）阶。

10.15　问人于他邦，再拜而送之。

10.16　康子馈（kuì）药，拜而受之。曰："丘未达，不敢尝。"

10.17　厩（jiù）焚（fén）。子退朝，曰："伤人乎？"不问马。

10.18　君赐食，必正席先尝之。君赐腥（xīng），必熟而荐之。君赐生，必畜（xù）之。侍食于君，君祭，先饭。

10.19　疾，君视之，东首，加朝服，拖绅（shēn）。

10.20　君命召，不俟（sì）驾行矣。

10.21　入太庙，每事问。

10.22　朋友死，无所归，曰："于我殡（bìn）。"

10.23　朋友之馈，虽车马，非祭肉，不拜。

10.24　寝不尸，居不客。

10.25　见齐衰（缞）者，虽狎（xiá），必变。见冕者与瞽者，虽亵，必以貌。凶服者式（轼）之。式（轼）负版者。有盛馔（zhuàn），必变色而作。迅雷风烈必变。

10.26　升车，必正立，执绥（suí）。车中，不内顾，不疾言，不亲指。

10.27　色斯举矣，翔（xiáng）而后集。曰："山梁雌（cí）雉（zhì），时哉时哉！"子路共（拱）（gǒng）之，三嗅（臭）（jù）而作。

先进第十一

11.1　子曰："先进于礼乐，野人也；后进于礼乐，君子也。如用之，则吾从先进。"

11.2　子曰："从我于陈、蔡者，皆不及门也。"

11.3　德行：颜渊，闵子骞，冉伯牛，仲（zhòng）弓。言语：宰我，子贡。政事：冉（rǎn）有，季路。文学：子游，子夏。

11.4　子曰："回也非助我者也，于吾言无所不说（悦）（yuè）。"

11.5　子曰："孝哉闵子骞！人不间于其父母昆弟之言。"

11.6　南容三复白圭（guī），孔子以其兄之子妻（qì）之。

11.7　季康子问："弟子孰为好学？"孔子对曰："有颜回者好学，不幸短命死矣，今也则亡（无）（wú）。"

11.8　颜渊死，颜路请子之车以为之椁（guǒ）。子曰："才不才，亦各言其子也。鲤也死，有棺而无椁。吾不徒行以为之椁。以吾从大夫之后，不可徒行也。"

11.9　颜渊死。子曰："噫！天丧（sàng）予！天丧予！"

11.10　颜渊死，子哭之恸（tòng）。从者曰："子恸矣！"曰："有恸乎？非夫人之为（wèi）恸而谁为（wèi）？"

11.11　颜渊死，门人欲厚葬（zàng）之。子曰："不可。"门人厚葬之。子曰："回也视予犹父也，予不得视犹子也。非我也，夫二三子也。"

11.12　季路问事鬼神。子曰："未能事人，焉能事鬼？"曰："敢问死。"曰："未知生，焉知死？"

11.13　闵子侍侧，訚訚如也；子路，行（hàng）行如也；冉有、子贡，侃侃如也。子乐（lè）。"若由也，不得其死然。"

11.14　鲁人为长（cháng）府。闵子骞曰："仍旧贯，如之何？何必改作？"子曰："夫人不言，言必有中（zhòng）。"

11.15　子曰："由之瑟，奚（xī）为（wèi）于丘之门？"门人不敬子路。子曰："由也升堂矣，未入于室也。"

11.16　子贡问："师与商也孰贤？"子曰："师也过，商也不及。"曰："然则师愈与（yú）？"子曰："过犹不及。"

11.17　季氏富于周公，而求也为之聚敛（liǎn）而附益之。子曰："非吾徒也。小子鸣鼓而攻之，可也。"

11.18　柴也愚，参（shēn）也鲁，师也辟（pì），由也喭（yàn）。

11.19　子曰："回也其庶乎，屡空。赐不受命，而货殖（zhí）焉，亿（臆）则屡中（zhòng）。"

11.20　子张问善人之道。子曰："不践迹，亦不入于室。"

11.21　子曰："论笃是与（yǔ），君子者乎，色庄者乎？"

11.22　子路问："闻斯行诸？"子曰："有父兄在，如之何其闻斯行之？"冉有问："闻斯行诸？"子曰："闻斯行之。"公西华曰："由也问闻斯行诸，子曰，'有父兄在'；求也问闻斯行诸，子曰，'闻斯行之'。赤也惑，敢问。"子曰："求也退，故进之；由也兼人，故退之。"

11.23　子畏于匡，颜渊后。子曰："吾以女（汝）（rǔ）为死矣。"曰："子在，回何敢死？"

11.24　季子然问："仲由、冉求可谓大臣与（yú）？"子曰："吾以子为（wéi）异之问，曾由与求之问。所谓大臣者，以道事君，不可则止。今由与求也，可谓具臣矣。"曰："然则从之者与（yú）？"子曰："弑（shì）父与君，亦不从也。"

11.25　子路使子羔为费（鄪）（bì）宰。子曰："贼夫人之子。"子路曰："有民人焉，有社稷（jì）焉，何必读书，然后为学。"子曰："是故恶（wù）夫佞者。"

11.26　子路、曾晳、冉有、公西华侍（shì）坐。子曰："以吾一日长（zhǎng）乎尔，毋（wú）吾以也。居则曰：'不吾知也！'如或知尔，则何以哉？"子路率尔而对曰："千乘之国，摄乎大国之间，加之以师旅，因之以饥馑（jǐn）；由也为之，比及三年，可使有勇，且知方也。"夫子哂（shěn）

之。"求！尔何如？"对曰："方六七十，如五六十，求也为之，比及三年，可使足民。如其礼乐，以俟君子。""赤！尔何如？"对曰："非曰能之，愿学焉。宗庙之事，如会同，端章甫，愿为小相焉。""点！尔何如？"鼓瑟希（稀），铿（kēng）尔，舍瑟而作，对曰："异乎三子者之撰。"子曰："何伤乎？亦各言其志也。"曰："莫（暮）（mù）春者，春服既成，冠者五六人，童子六七人，浴乎沂（yí），风乎舞雩（yú），咏而归。"夫子喟然叹曰："吾与点也！"三子者出，曾皙后。曾皙曰："夫三子者之言何如？"子曰："亦各言其志也已矣。"曰："夫子何哂由也？"曰："为国以礼，其言不让，是故哂之。""唯求则非邦也与（欤）？""安见方六七十如五六十而非邦也者？""唯赤则非邦也与（欤）？""宗庙会同，非诸侯而何？赤也为之小，孰能为之大？"

颜渊第十二

12.1　颜渊问仁。子曰："克己复礼为仁。一日克己复礼，天下归仁焉。为仁由己，而由人乎哉？"颜渊曰："请问其目。"子曰："非礼勿视，非礼勿听，非礼勿言，非礼勿动。"颜渊曰："回虽不敏，请事斯语矣。"

12.2　仲弓问仁。子曰："出门如见大宾，使民如承大祭。己所不欲，勿施于人。在邦无怨，在家无怨。"仲弓曰："雍虽不敏，请事斯语矣。"

12.3　司马牛问仁。子曰："仁者，其言也讱（rèn）。"曰："其言也讱，斯谓之仁已乎？"子曰："为之难，言之得无讱乎？"

12.4　司马牛问君子。子曰："君子不忧不惧。"曰："不忧不惧，斯谓之君子已乎？"子曰："内省（xǐng）不疚，夫何忧何惧？"

12.5　司马牛忧曰："人皆有兄弟，我独亡（无）（wú）。"子夏曰："商闻之矣：死生有命，富贵在天。君子敬而无失，与人恭而有礼，四海之内皆兄弟也。君子何患乎无兄弟也？"

12.6　子张问明。子曰："浸润之谮（zèn），肤受之愬（诉）（sù），不行焉，可谓明也已矣。浸润之谮，肤受之愬（诉），不行焉，可谓远也已矣。"

12.7　子贡问政。子曰："足食，足兵，民信之矣。"子贡曰："必不得已而去，于斯三者何先？"曰："去兵。"子贡曰："必不得已而去，于斯二者何先？"曰："去食。自古皆有死，民无信不立。"

12.8　棘（jí）子成曰："君子质而已矣，何以文为？"子贡曰："惜乎，夫子之说君子也！驷（sì）不及舌。文犹质也，质犹文也。虎豹之鞟（kuò）犹犬羊之鞟。"

12.9　哀公问于有若曰："年饥，用不足，如之何？"有若对曰："盍（hé）彻乎？"曰："二，吾犹不足，如之何其彻也？"对曰："百姓足，君孰与不足？百姓不足，君孰与足？"

12.10　子张问崇德辨惑。子曰："主忠信，徙（xǐ）义，崇德也。爱之欲其生，恶（wù）之欲其死。既欲其生，又欲其死，是惑也。'诚不以富，亦只以异。'"

12.11　齐景公问政于孔子。孔子对曰："君君，臣臣，父父，子子。"公曰："善哉！信如君不君，臣不臣，父不父，子不子，虽有粟，吾得而食诸？"

12.12　子曰："片言可以折（zhé）狱者，其由也与（欤）？"子路无宿诺。

12.13　子曰："听讼，吾犹人也。必也使无讼乎！"

12.14　子张问政。子曰："居之无倦，行之以忠。"

12.15　子曰："博学于文，约之以礼，亦可以弗（fú）畔（叛）矣夫！"

12.16　子曰："君子成人之美，不成人之恶。小人反是。"

12.17　季康子问政于孔子。孔子对曰："政者，正也。子帅以正，孰敢不正？"

12.18　季康子患盗，问与孔子。孔子对曰："苟子之不欲，虽赏之不窃。"

12.19　季康子问政于孔子曰："如杀无道，以就有道，何如？"孔子对曰："子为政，焉用杀？子欲善而民善矣。君子之德风，小人之德草。草上之风，必偃（yǎn）。"

12.20　子张问："士何如斯可谓之达矣？"子曰："何哉，尔所谓达者？"子张对曰："在邦必闻，在家必闻。"子曰："是闻也，非达也。夫达也者，质直而好义，察言而观色，虑以下人。在邦必达，在家必达。夫闻也者，色取仁而行违，居之不疑。在邦必闻，在家必闻。"

12.21　樊迟从游于舞雩之下，曰："敢问崇德，修慝（tè），辨惑。"子曰："善哉问！先事后得，非崇德与（欤）？攻其恶，无攻人之恶，非修慝与（欤）？一朝之忿，忘其身，以及其亲，非惑与（欤）？"

12.22　樊迟问仁。子曰："爱人。"问知（智）（zhì）。子曰："知人。"樊迟未达。子曰："举直错诸枉，能使枉者直。"樊迟退，见子夏曰："乡（向）（xiàng）也吾见于夫子而问知（智），子曰：'举直错诸枉，能使枉者直。'何谓也？"子夏曰："富哉言乎！舜有天下，选于众，举皋（gāo）陶（yáo），不仁者远矣。汤有天下，选于众，举伊尹（yǐn），不仁者远矣。"

12.23　子贡问友。子曰："忠告而善道（导）（dǎo）之，不可则止，毋自辱焉。"

12.24　曾子曰："君子以文会友，以友辅仁。"

子路第十三

13.1　子路问政。子曰："先之劳之。"请益。曰："无倦。"

13.2　仲弓为季氏宰，问政。子曰："先有司，赦（shè）小过，举贤才。"曰："焉知贤才而举之？"子曰："举尔所知；尔所不知，人其舍诸？"

13.3　子路曰："卫君待子而为政，子将奚先？"子曰："必也正名乎！"子路曰："有是哉，子之迂也！奚其正？"子曰："野哉，由也！君子于其所不知，盖阙（quē）如也。名不正，则言不顺；言不顺，则事不成；事不成，则礼乐不兴；礼乐不兴，则刑罚不中；刑罚不中，则民无所错（措）手足。故君子名之必可言也，言之必可行也。君子于其言，无所苟而已矣。"

13.4　樊迟请学稼（jià）。子曰："吾不如老农。"请学为圃（pǔ）。曰："吾不如老圃。"樊迟出。子曰："小人哉，樊须也！上好（hào）礼，则民莫敢不敬；上好义，则民莫敢不服；上好信，则民莫敢不用情。夫如是，则四方之民襁（qiǎng）负其子而至矣，焉用稼？"

13.5　子曰："诵《诗》三百，授之以政，不达；使于四方，不能专对；虽多，亦奚以为？"

13.6　子曰："其身正，不令而行；其身不正，虽令不从。"

13.7　子曰："鲁卫之政，兄弟也。"

13.8　子谓卫公子荆："善居室。始有，曰：'苟合矣。'少有，曰：'苟完矣。'富有，曰：'苟美矣。'"

13.9　子适卫，冉有仆。子曰："庶矣哉！"冉有曰："既庶矣，又何加焉？"曰："富之。"曰："既富矣，又何加焉？"曰："教（jiào）之。"

13.10　子曰："苟有用我者，期（朞）（jī）月而已可也，三年有成。"

13.11　子曰："'善人为邦百年，亦可以胜残去杀矣。'诚哉是言也！"

13.12　子曰："如有王者，必世而后仁。"

13.13　子曰："苟正其身矣，于从政乎何有？不能正其身，如正人何？"

13.14　冉子退朝。子曰："何晏（yàn）也？"对曰："有政。"子曰："其事也。如有政，虽不吾以，吾其与（yù）闻之。"

13.15　定公问："一言而可以兴邦，有诸？"孔子对曰："言不可以若是其几（jī）也。人之言曰：'为君难，为臣不易。'如知为君之难也，不几乎一言而兴邦乎？"曰："一言而丧（sàng）邦，有诸？"孔子对曰："言不可以若是其几也。人之言曰：'予无乐（lè）乎为君，唯其言而莫予违也。'如其善而莫之违（wéi）也，不亦善乎？如不善而莫之违也，不几乎一言而丧邦乎？"

13.16　叶（shè）公问政。子曰："近者说（悦）（yuè），远者来。"

13.17　子夏为莒（jǔ）父（fǔ）宰，问政。子曰："无欲速，无见小利。欲速，则不达；见小利，则大事不成。"

13.18　叶公语（yù）孔子曰："吾党有直躬者，其父攘（rǎng）羊，而子证之。"孔子曰："吾党之直者异于是：父为子隐，子为父隐。——直在其中矣。"

13.19　樊迟问仁。子曰："居处（chǔ）恭，执事敬，与（yǔ）人忠。虽之夷狄，不可弃也。"

13.20　子贡问曰："何如斯可谓之士矣？"子曰："行己有耻，使于四方，不辱君命，可谓士矣。"曰："敢问其次。"曰："宗族称孝焉，乡党称弟（悌）（tì）焉。"曰："敢问其次。"曰："言必信，行必果，硁（kēng）

硁然小人哉！——抑亦可以为次矣。”曰：“今之从政者何如？”子曰：“噫（yī）！斗筲（shāo）之人，何足算也？”

13.21　子曰："不得中行而与（yǔ）之，必也狂狷（juàn）乎！狂者进取，狷者有所不为也。"

13.22　子曰："南人有言曰：'人而无恒，不可以作巫医。'善夫！""不恒其德，或承之羞。"子曰："不占（zhān）而已矣。"

13.23　子曰："君子和而不同，小人同而不和。"

13.24　子贡问曰："乡人皆好（hào）之，何如？"子曰："未可也。""乡人皆恶（wù）之，何如？"子曰："未可也；不如乡人之善者好之，其不善者恶之。"

13.25　子曰："君子易事而难说（悦）（yuè）也。说（悦）之不以其道，不说（悦）也；及其使人也，器之。小人难事而易说（悦）也。说（悦）之虽不以道，说（悦）之；及其使人也，求备焉。"

13.26　子曰："君子泰而不骄，小人骄而不泰。"

13.27　子曰："刚、毅（yì）、木、讷，近仁。"

13.28　子路问曰："何如斯可谓之士矣？"子曰："切切偲（sī）偲，怡怡如也，可谓士矣。朋友切切偲偲，兄弟怡怡。"

13.29　子曰："善人教（jiào）民七年，亦可以即戎（róng）矣。"

13.30　子曰："以不教（jiào）民战，是谓弃之。"

宪问第十四

14.1　宪问耻。子曰："邦有道，谷；邦无道，谷，耻也。""克、伐、怨、欲不行焉，可以为仁矣？"子曰："可以为难矣，仁则吾不知也。"

14.2　子曰："士而怀居，不足以为士矣。"

14.3　子曰："邦有道，危言危行；邦无道，危行言孙（逊）（xùn）。"

14.4　子曰："有德者必有言，有言者不必有德。仁者必有勇，勇者不必有仁。"

14.5　南宫适（kuò）问于孔子曰："羿（yì）善射，奡（ào）荡舟，俱不得其死然。禹稷（jì）躬稼而有天下。"夫子不答。南宫适出，子曰："君子哉若人！尚德哉若人！"

14.6　子曰："君子而不仁者有矣夫，未有小人而仁者也。"

14.7　子曰："爱之，能勿劳乎？忠焉，能勿诲乎？"

14.8　子曰："为（wéi）命，裨（bì）谌（chén）草创之，世叔讨论之，行人子羽修饰之，东里子产润色之。"

14.9　或问子产，子曰："惠人也。"问子西。曰："彼哉！彼哉！"问管仲。曰："人也。夺伯（bó）氏骈（pián）邑（yì）三百，饭疏食，没（mò）齿无怨言。"

14.10　子曰："贫而无怨难，富而无骄易。"

14.11　子曰："孟公绰（chuò）为赵魏老则优，不可以为滕（téng）、薛（xuē）大夫。"

14.12　子路问成人。子曰："若臧武仲之知（智）（zhì），公绰之不欲，卞庄子之勇，冉求之艺，文之以礼乐，亦可以为成人矣。"曰："今之成人者何必然？见利思义，见危授命，久要（约）（yāo）不忘平生之言，亦可以为成人矣。"

14.13　子问公叔文子于公明贾（gǔ）曰："信乎，夫子不言，不笑，不取乎？"公明贾对曰："以告者过也。夫子时然后言，人不厌其言；乐然后笑，人不厌其笑；义然后取，人不厌其取。"子曰："其然？岂其然乎？"

14.14　子曰："臧武仲以防求为后于鲁，虽曰不要（yāo）君，吾不信也。"

14.15　子曰："晋文公谲（jué）而不正，齐桓公正而不谲。"

14.16　子路曰："桓公杀公子纠，召（shào）忽死之，管仲不死。"曰："未仁乎？"子曰："桓公九合诸侯，不以兵车，管仲之力也。如其仁，如其仁。"

14.17　子贡曰："管仲非仁者与（欤）？桓公杀公子纠，不能死，又相（xiàng）之。"子曰："管仲相桓公，霸诸侯，一匡天下，民到于今受其赐。微管仲，吾其被（披）（pī）发左衽（rèn）矣。岂若匹夫匹妇之为谅也，自经于沟渎（dú）而莫之知也？"

14.18　公叔文子之臣大夫僎（zhuàn）与文子同升诸公。子闻之，曰："可以为'文'矣。"

14.19　子言卫灵公之无道也，康子曰："夫如是，奚而不丧？"孔子曰："仲叔圉（yǔ）治宾客，祝鮀治宗庙，王孙贾（gǔ）治军旅。夫如是，奚其丧？"

14.20　子曰："其言之不怍（zuò），则为之也难。"

14.21　陈成子弑（shì）简公。孔子沐浴而朝，告于哀公曰："陈恒弑其君，请讨之。"公曰："告夫三子。"孔子曰："以吾从大夫之后，不敢不告也。君曰'告夫三子'者！"之三子告，不可。孔子曰："以吾从大夫之后，不敢不告也。"

14.22　子路问事君。子曰："勿欺也，而犯之。"

14.23　子曰："君子上达，小人下达。"

14.24　子曰："古之学者为己，今之学者为人？"

14.25　蘧（qú）伯玉使人于孔子。孔子与之坐而问焉，曰："夫子何为？"对曰："夫子欲寡其过而未能也。"使者出。子曰："使乎！使乎！"

14.26　子曰："不在其位，不谋其政。"曾子曰："君子思不出其位。"

14.27　子曰："君子耻其言而过其行。"

14.28　子曰："君子道者三，我无能焉：仁者不忧，知（智）（zhì）者不惑，勇者不惧。"子贡曰："夫子自道也。"

14.29　子贡方人。子曰："赐也贤乎哉？夫我则不暇（xiá）。"

14.30　子曰："不患人之不己知，患其不能也。"

14.31　子曰："不逆诈，不亿（臆）不信，抑亦先觉者，是贤乎！"

14.32　微生亩谓孔子曰："丘何为是栖（xī）栖者与（欤）？无乃为佞乎？"孔子曰："非敢为佞也，疾固也。"

14.33　子曰："骥（jì）不称其力，称其德也。"

14.34　或曰："以德报怨，何如？"子曰："何以报德？以直报怨，以德报德。"

14.35　子曰："莫我知也夫！"子贡曰："何为其莫知子也？"子曰："不怨天，不尤人，下学而上达。知我者其天乎！"

14.36 公伯寮（liáo）愬（诉）（sù）子路于季孙。子服景伯以告，曰："夫子固有惑志于公伯寮，吾力犹能肆诸市朝。"子曰："道之将行也与（欤），命也；道之将废也与（欤），命也。公伯寮其如命何！"

14.37 子曰："贤者辟（避）（bì）世，其次辟（避）地，其次辟（避）色，其次辟（避）言。"子曰："作者七人矣。"

14.38 子路宿于石门。晨门曰："奚自？"子路曰："自孔氏。"曰："是知其不可而为之者与（欤）？"

14.39 子击磬（qìng）于卫，有荷（hè）蒉（kuì）而过孔氏之门者，曰："有心哉，击磬乎！"既而曰："鄙哉，硁硁乎！莫己知也，斯己而已矣。深则厉，浅则揭（qì）。"子曰："果哉！末之难矣。"

14.40 子张曰："《书》云：'高宗谅阴，三年不言。'何谓也？"子曰："何必高宗，古之人皆然。君薨（hōng），百官总己以听于冢（zhǒng）宰三年。"

14.41 子曰："上好（hào）礼，则民易使也。"

14.42 子路问君子。子曰："修己以敬。"曰："如斯而已乎？"曰："修己以安人。"曰："如斯而已乎？"曰："修己以安百姓。修己以安百姓，尧舜其犹病诸？"

14.43 原壤（rǎng）夷俟。子曰："幼而不孙（逊）（xùn）弟（悌）（tì），长而无述焉，老而不死，是为贼。"以杖叩其胫（jìng）。

14.44 阙（quē）党童子将命。或问之曰："益者与（欤）？"子曰："吾见其居于位也，见其与先生并行也。非求益者也，欲速成者也。"

卫灵公第十五

15.1 卫灵公问陈（阵）（zhèn）于孔子。孔子对曰："俎（zǔ）豆之事，则尝闻之矣；军旅之事，未之学也。"明日遂行。

15.2 在陈绝粮，从者病，莫能兴（xīng）。子路愠（yùn）见（现）（xiàn）曰："君子亦有穷乎？"子曰："君子固穷，小人穷斯滥矣。"

15.3 子曰："赐也，女（汝）以予为多学而识（志）（zhì）之者与

（欤）？”对曰：“然，非与（欤）？”曰：“非也，予一以贯之。”

15.4　子曰："由！知德者鲜（xiǎn）矣。"

15.5　子曰："无为而治者，其舜也与（欤）？夫何为哉？恭己正南面而已矣。"

15.6　子张问行。子曰："言忠信，行笃（dǔ）敬，虽蛮貊（mò）之邦，行矣。言不忠信，行不笃敬，虽州里，行乎哉？立则见其参于前也，在舆（yú）则见其倚（yǐ）于衡也，夫然后行。"子张书诸绅。

15.7　子曰："直哉史鱼！邦有道，如矢；邦无道，如矢。君子哉蘧伯玉！邦有道，则仕；邦无道，则可卷而怀之。"

15.8　子曰："可与言而不与之言，失人；不可与言而与之言，失言。知（智）者不失人，亦不失言。"

15.9　子曰："志士仁人，无求生以害仁，有杀身以成仁。"

15.10　子贡问为仁。子曰："工欲善其事，必先利其器。居是邦也，事其大夫之贤者，友其士之仁者。"

15.11　颜渊问为（wéi）邦。子曰："行夏之时，乘殷（yīn）之辂（lù），服周之冕，乐（yuè）则《韶》《舞》。放郑声，远佞人。郑声淫（yín），佞人殆（dài）。"

15.12　子曰："人无远虑，必有近忧。"

15.13　子曰："已矣乎！吾未见好（hào）德如好（hào）色者也。"

15.14　子曰："臧文仲其窃位者与（欤）！知柳下惠之贤而不与立也。"

15.15　子曰："躬自厚而薄（bó）责于人，则远怨矣。"

15.16　子曰："不曰'如之何，如之何'者，吾末如之何也已矣。"

15.17　子曰："群居终日，言不及义，好行小慧，难矣哉！"

15.18　子曰："君子义以为质，礼以行之，孙（逊）（xùn）以出之，信以成之。君子哉！"

15.19　子曰："君子病无能焉，不病人之不己知也。"

15.20　子曰："君子疾没世而名不称焉。"

15.21　子曰："君子求诸己，小人求诸人。"

15.22　子曰："君子矜（jīn）而不争，群而不党。"

15.23　子曰："君子不以言举人，不以人废言。"

15.24　子贡问曰："有一言而可以终身行之者乎？"子曰："其恕乎！己所不欲，勿施于人。"

15.25　子曰："吾之于人也，谁毁谁誉？如有所誉者，其有所试矣。斯民也，三代之所以直道而行也。"

15.26　子曰："吾犹及史之阙（quē）文也。有马者借人乘之，今亡（无）（wú）矣夫！"

15.27　子曰："巧言乱德。小不忍，则乱大谋。"

15.28　子曰："众恶（wù）之，必察焉；众好（hào）之，必察焉。"

15.29　子曰："人能弘道，非道弘人。"

15.30　子曰："过而不改，是谓过矣。"

15.31　子曰："吾尝终日不食，终夜不寝（qǐn），以思，无益，不如学也。"

15.32　子曰："君子谋道不谋食。耕（gēng）也，馁在其中矣；学也，禄（lù）在其中矣。君子忧道不忧贫。"

15.33　子曰："知（智）（zhì）及之，仁不能守之；虽得之，必失之。知（智）及之，仁能守之。不庄以莅（lì）之，则民不敬。知（智）及之，仁能守之，庄以莅之，动之不以礼，未善也。"

15.34　子曰："君子不可小知而可大受也，小人不可大受而可小知也。"

15.35　子曰："民之于仁也，甚于水火。水火，吾见蹈（dǎo）而死者矣，未见蹈仁而死者也。"

15.36　子曰："当仁，不让于师。"

15.37　子曰："君子贞而不谅。"

15.38　子曰："事君，敬其事而后其食。"

15.39　子曰："有教无类。"

15.40　子曰："道不同，不相为谋。"

15.41　子曰："辞达而已矣。"

15.42　师冕见（现）（xiàn），及阶，子曰："阶也。"及席，子曰："席也。"皆坐，子告之曰："某在斯，某在斯。"师冕出。子张问曰："与师言之道与（欤）？"子曰："然；固相（xiàng）师之道也。"

季氏第十六

16.1　季氏将伐颛臾（zhuān yú）。冉有、季路见（现）（xiàn）于孔子曰："季氏将有事于颛臾。"孔子曰："求！无乃尔是过与（欤）？夫颛臾，昔者先王以为东蒙主，且在邦域之中矣，是社稷之臣也。何以伐为？"冉有曰："夫子欲之，吾二臣者皆不欲也。"孔子曰："求！周任有言曰：'陈力就列，不能者止。'危而不持，颠（diān）而不扶，则将焉用彼相矣？且尔言过矣，虎兕（sì）出于柙（xiá），龟玉毁于椟中，是谁之过与（欤）？"冉有曰："今夫颛臾，固而近于费（鄪）（bì）。今不取，后世必为子孙忧。"孔子曰："求！君子疾夫舍曰欲之而必为之辞。丘也闻有国有家者，不患寡而患不均，不患贫而患不安。盖均无贫，和无寡，安无倾。夫如是，故远人不服，则修文德以来之。既来之，则安之。今由与求也，相（xiàng）夫子，远人不服，而不能来也；邦分崩离析，而不能守也；而谋动干戈（gē）于邦内。吾恐季孙之忧，不在颛臾，而在萧墙之内也。"

16.2　孔子曰："天下有道，则礼乐征伐自天子出；天下无道，则礼乐征伐自诸侯出。自诸侯出，盖十世希不失矣；自大夫出，五世希不失矣；陪臣执国命，三世希不失矣。天下有道，则政不在大夫。天下有道，则庶人不议。"

16.3　孔子曰："禄之去公室五世矣，政逮（dài）于大夫四世矣，故夫三桓之子孙微矣。"

16.4　孔子曰："益者三友，损者三友。友直，友谅，友多闻，益矣。友便（pián）辟（pì），友善柔，友便（pián）佞，损矣。"

16.5　孔子曰："益者三乐（lè），损者三乐。乐节礼乐（yuè），乐道人之善，乐多贤友，益矣。乐骄乐，乐佚（yì）游，乐宴乐（lè），损矣。"

16.6　孔子曰："侍于君子有三愆（qiān）：言未及之而言谓之躁，言及之而不言谓之隐，未见颜色而言谓之瞽。"

16.7　孔子曰："君子有三戒：少（shào）之时，血气未定，戒之在色；及其壮也，血气方刚，戒之在斗；及其老也，血气既衰，戒之在得。"

16.8　孔子曰："君子有三畏：畏天命，畏大人，畏圣人之言。小人不知天命而不畏也，狎大人，侮（wǔ）圣人之言。"

16.9　孔子曰："生而知之者上也，学而知之者次也；困而学之，又其次也；困而不学，民斯为下矣。"

16.10　孔子曰："君子有九思：视思明，听思聪，色思温，貌思恭，言思忠，事思敬，疑思问，忿（fèn）思难（nàn），见得思义。"

16.11　孔子曰："见善如不及，见不善如探汤。吾见其人矣，吾闻其语矣。隐居以求其志，行义以达其道。吾闻其语矣，未见其人也。"

16.12　齐景公有马千驷，死之日，民无德而称焉。伯夷叔齐饿于首阳之下，民到于今称之。其斯之谓与（欤）？

16.13　陈亢（gāng）问于伯鱼曰："子亦有异闻乎？"对曰："未也。尝独立，鲤趋而过庭。曰：'学诗乎？'对曰：'未也。''不学诗，无以言。'鲤退而学诗。他日，又独立，鲤趋而过庭。曰：'学礼乎？'对曰：'未也。''不学礼，无以立。'鲤退而学礼。闻斯二者。"陈亢退而喜曰："问一得三，闻诗，闻礼，又闻君子之远其子也。"

16.14　邦君之妻，君称之曰夫人，夫人自称曰小童；邦人称之曰君夫人，称诸异邦曰寡小君；异邦人称之亦曰君夫人。

阳货第十七

17.1　阳货欲见孔子，孔子不见，归（馈）（kuì）孔子豚（tún）。孔子时（伺）（sì）其亡也，而往拜之。遇诸涂（途）（tú）。谓孔子曰："来！予与尔言。"曰："怀其宝而迷其邦，可谓仁乎？"曰："不可。""好从事而亟（qì）失时，可谓知（智）乎？"曰："不可。""日月逝矣，岁不我与（yǔ）。"孔子曰："诺（nuò），吾将仕矣。"

17.2　子曰："性相近也，习相远也。"

17.3　子曰："唯上知（智）与下愚不移。"

17.4　子之武城，闻弦歌之声。夫子莞（wǎn）尔而笑，曰："割鸡焉用牛刀？"子游对曰："昔者偃也闻诸夫子曰：'君子学道则爱人，小人学道则易使也。’”子曰："二三子！偃之言是也。前言戏之耳。"

17.5 公山弗扰以费（鄪）（bì）畔（叛）（pàn），召，子欲往。子路不说（悦）（yuè），曰："末之也，已，何必公山氏之之也？"子曰："夫召我者，而岂徒哉？如有用我者，吾其为东周乎！"

17.6 子张问仁于孔子。孔子曰："能行五者于天下为仁矣。""请问之。"曰："恭，宽，信，敏，惠。恭则不侮，宽则得众，信则人任焉，敏则有功，惠则足以使人。"

17.7 佛（bì）肸（xī）召，子欲往。子路曰："昔者由也闻诸夫子曰：‘亲于其身为不善者，君子不入也。’佛肸以中牟畔（叛），子之往也，如之何？"子曰："然，有是言也。不曰坚乎，磨而不磷（lìn）；不曰白乎，涅（niè）而不缁（zī）。吾其匏（páo）瓜也哉？焉能系（xì）而不食？"

17.8 子曰："由也！女（汝）（rǔ）闻六言六蔽（bì）矣乎？"对曰："未也。""居！吾语女（汝）。好仁不好学，其蔽也愚；好知（智）不好学，其蔽也荡；好信不好学，其蔽也贼；好直不好学，其蔽也绞；好勇不好学，其蔽也乱；好刚不好学，其蔽也狂。"

17.9 子曰："小子何莫学夫诗？诗，可以兴，可以观，可以群，可以怨。迩（ěr）之事父，远之事君；多识于鸟兽草木之名。"

17.10 子谓伯鱼曰："女（汝）为《周南》《召（shào）南》矣乎？人而不为《周南》《召南》，其犹正墙面而立也与（欤）？"

17.11 子曰："礼云礼云，玉帛云乎哉？乐（yuè）云乐云，钟鼓云乎哉？"

17.12 子曰："色厉而内荏（rěn），譬诸小人，其犹穿窬（逾）（yú）之盗也与（欤）？"

17.13 子曰："乡原（愿）（yuàn），德之贼也。"

17.14 子曰："道听而涂（途）说，德之弃也。"

17.15 子曰："鄙夫可与事君也与（欤）哉？其未得之也，患得之。既得之，患失之。苟患失之，无所不至矣。"

17.16 子曰："古者民有三疾，今也或是之亡（无）（wú）也。古之狂也肆，今之狂也荡；古之矜（jīn）也廉，今之矜也忿戾（fèn lì）；古之愚也直，今之愚也诈而已矣。"

17.17　子曰："巧言令色，鲜矣仁。"

17.18　子曰："恶（wù）紫之夺朱也，恶（wù）郑声之乱雅乐（yuè）也，恶（wù）利口之覆邦家者。"

17.19　子曰："予欲无言。"子贡曰："子如不言，则小子何述焉？"子曰："天何言哉？四时行焉，百物生焉，天何言哉？"

17.20　孺悲欲见孔子，孔子辞以疾。将命者出户，取瑟而歌，使之闻之。

17.21　宰我问："三年之丧（sāng），期已久矣。君子三年不为礼，礼必坏；三年不为乐，乐必崩。旧谷既没，新谷既升，钻燧（zuān suì）改火，期（jī）可已矣。"子曰："食夫稻，衣夫锦，于女（汝）安乎？"曰："安。""女（汝）安，则为之！夫君子之居丧，食旨不甘，闻乐不乐，居处不安，故不为也。今女（汝）安，则为之！"宰我出。子曰："予之不仁也！子生三年，然后免于父母之怀。夫三年之丧，天下之通丧也，予也有三年之爱于其父母乎？"

17.22　子曰："饱食终日，无所用心，难矣哉！不有博弈者乎？为之，犹贤乎已。"

17.23　子路曰："君子尚勇乎？"子曰："君子义以为上，君子有勇而无义为乱，小人有勇而无义为盗。"

17.24　子贡曰："君子亦有恶（wù）乎？"子曰："有恶：恶称人之恶者，恶居下流而讪（shàn）上者，恶勇而无礼者，恶果敢而窒（zhì）者。"曰："赐也亦有恶乎？""恶徼（jiāo）以为知（智）者，恶不孙（逊）以为勇者，恶讦（jié）以为直者。"

17.25　子曰："唯女子与小人为难养也，近之则不孙（逊），远之则怨。"

17.26　子曰："年四十而见恶焉，其终也已。"

微子第十八

18.1　微子去之，箕（jī）子为之奴，比干（gān）谏而死。孔子曰："殷有三仁焉。"

18.2　柳下惠为士师，三黜（chù）。人曰："子未可以去乎？"曰："直道而事人，焉往而不三黜？枉道而事人，何必去父母之邦？"

18.3　齐景公待孔子曰："若季氏，则吾不能；以季、孟之间待之。"曰："吾老矣，不能用也。"孔子行。

18.4　齐人归（馈）（kuì）女乐（yuè），季桓子受之，三日不朝，孔子行。

18.5　楚狂接舆（yú）歌而过孔子曰："凤兮凤兮！何德之衰（shuāi）？往者不可谏，来者犹可追。已而，已而！今之从政者殆而！"孔子下，欲与之言。趋而辟（避）（bì）之，不得与之言。

18.6　长沮（jū）、桀（jié）溺耦（ǒu）而耕，孔子过之，使子路问津焉。长沮曰："夫执舆者为谁？"子路曰："为孔丘。"曰："是鲁孔丘与（欤）？"曰："是也。"曰："是知津矣。"问于桀溺。桀溺曰："子为谁？"曰："为仲由。"曰："是鲁孔丘之徒与（欤）？"对曰："然。"曰："滔滔者天下皆是也，而谁以易之？且而（尔）与其从辟（避）人之士也，岂若从辟（避）世之士哉？"耰（yōu）而不辍（chuò）。子路行以告。夫子怃（wǔ）然曰："鸟兽不可与同群，吾非斯人之徒与而谁与？天下有道，丘不与易也。"

18.7　子路从而后，遇丈人，以杖荷（hè）蓧（diào）。子路问曰："子见夫子乎？"丈人曰："四体不勤，五谷不分。孰为夫子？"植其杖而芸（耘）（yún）。子路拱而立。止子路宿，杀鸡为黍（shǔ）而食之，见（现）其二子焉。明日，子路行以告。子曰："隐者也。"使子路反（返）见之。至，则行矣。子路曰："不仕无义。长幼之节，不可废也；君臣之义，如之何其废之？欲洁其身，而乱大伦。君子之仕也，行其义也。道之不行，已知之矣。"

18.8　逸民：伯夷、叔齐、虞仲、夷逸、朱张、柳下惠、少连。子曰："不降其志，不辱其身，伯夷、叔齐与（欤）！"谓："柳下惠、少连，降志辱身矣，言中伦，行中虑，其斯而已矣。"谓："虞仲、夷逸，隐居放言，身中清，废中权。我则异于是，无可无不可。"

18.9　大（太）（tài）师挚（zhì）适齐，亚饭干（gān）适楚，三饭缭适蔡，四饭缺适秦，鼓方叔入于河，播鼗（táo）武入于汉，少师阳、击磬襄（xiāng）入于海。

18.10　周公谓鲁公曰："君子不施（弛）（chí）其亲，不使大臣怨乎不以。故旧无大故，则不弃也。无求备于一人。"

18.11　周有八士：伯达、伯适（kuò）、仲突、仲忽、叔夜、叔夏、季随、季骗（guā）。

子张第十九

19.1　子张曰："士见危致命，见得思义，祭思敬，丧（sāng）思哀，其可已矣。"

19.2　子张曰："执德不弘，信道不笃，焉能为有？焉能为亡（无）（wú）？"

19.3　子夏之门人问交于子张。子张曰："子夏云何？"对曰："子夏曰：'可者与之，其不可者拒之。'"子张曰："异乎吾所闻：君子尊贤而容众，嘉善而矜不能。我之大贤与（欤），于人何所不容？我之不贤与（欤），人将拒我，如之何其拒人也？"

19.4　子夏曰："虽小道，必有可观者焉；致远恐泥（nì），是以君子不为也。"

19.5　子夏曰："日知其所亡（无）（wú），月无忘其所能，可谓好学也已矣。"

19.6　子夏曰："博学而笃志，切（qiè）问而近思，仁在其中矣。"

19.7　子夏曰："百工居肆以成其事，君子学以致其道。"

19.8　子夏曰："小人之过也必文。"

19.9　子夏曰："君子有三变：望之俨（yǎn）然，即（jí）之也温，听其言也厉。"

19.10　子夏曰："君子信而后劳其民；未信，则以为厉己也。信而后谏；未信，则以为谤己也。"

19.11　子夏曰："大德不逾（yú）闲，小德出入可也。"

19.12　子游曰："子夏之门人小子，当洒扫应对进退，则可矣，抑末也。本之则无，如之何？"子夏闻之，曰："噫！言游过矣！君子之道，孰先传焉？孰后倦焉？譬诸草木，区以别矣。君子之道，焉可诬也？有始有卒者，其惟圣人乎！”

19.13　子夏曰："仕而优则学，学而优则仕。"

19.14　子游曰："丧（sāng）致乎哀而止。"

19.15　子游曰："吾友张也为难能也，然而未仁。"

19.16　曾子曰："堂堂乎张也，难与并为仁矣。"

19.17　曾子曰："吾闻诸夫子：人未有自致者也，必也亲丧（sāng）乎！"

19.18　曾子曰："吾闻诸夫子：孟庄子之孝也，其他可能也；其不改父之臣与父之政，是难能也。"

19.19　孟氏使阳肤为士师，问与曾子。曾子曰："上失其道，民散久矣。如得其情，则哀矜而勿喜。"

19.20　子贡曰："纣之不善，不如是之甚也。是以君子恶（wù）居下流，天下之恶（è）皆归焉。"

19.21　子贡曰："君子之过也，如日月之食焉：过也，人皆见之；更也，人皆仰之。"

19.22　卫公孙朝问于子贡曰："仲尼焉学？"子贡曰："文武之道，未坠于地，在人。贤者识其大者，不贤者识其小者。莫不有文武之道焉。夫子焉不学？而亦何常师之有？"

19.23　叔孙武叔语（yù）大夫于朝曰："子贡贤于仲尼。"子服景伯以告子贡。子贡曰："譬之宫墙，赐之墙也及肩，窥（kuī）见室家之好。夫子之墙数（shù）仞（rèn），不得其门而入，不见宗庙之美，百官（馆）（guǎn）之富。得其门者或寡矣。夫子之云，不亦宜乎！"

19.24　叔孙武叔毁仲尼。子贡曰："无以为也，仲尼不可毁也。他人之贤者，丘陵也，犹可逾也；仲尼，日月也，无得而逾焉。人虽欲自绝，其何伤于日月乎？多见其不知量（liàng）也！"

19.25　陈子禽谓子贡曰："子为恭也，仲尼岂贤与子乎？"子贡曰："君子一言以为知（智）（zhì），一言以为不知（智），言不可不慎也。夫子之不可及也，犹天之不可阶而升也。夫子之得邦家者，所谓立之斯立，道（导）

（dǎo）之斯行，绥（suí）之斯来，动之斯和。其生也荣，其死也哀，如之何其可及也？"

尧曰第二十

20.1　尧曰："咨！尔舜！天之历数在尔躬，允执其中。四海困穷，天禄永终。"舜亦以命禹。曰："予小子履敢用玄牡，敢昭告于皇皇后帝：有罪不敢赦（shè）。帝臣不蔽，简在帝心。朕躬有罪，无以万方；万方有罪，罪在朕躬。"周有大赉（lài），善人是富。"虽有周亲，不如仁人。百姓有过，在予一人。"谨权量（liàng），审法度，修废官，四方之政行焉。兴灭国，继绝世，举逸民，天下之民归心焉。所重：民、食、丧（sāng）、祭。宽则得众，信则民任焉，敏则有功，公则说（悦）（yuè）。

20.2　子张问于孔子曰："何如斯可以从政矣？"子曰："尊五美，屏（bǐng）四恶（è），斯可以从政矣。"子张曰："何谓五美？"子曰："君子惠而不费，劳而不怨，欲而不贪，泰而不骄，威而不猛。"子张曰："何谓惠而不费？"子曰："因民之所利而利之，斯不亦惠而不费乎？择可劳而劳之，又谁怨？欲仁而得仁，又焉贪？君子无众寡，无小大，无敢慢，斯不亦泰而不骄乎？君子正其衣冠，尊其瞻视，俨然人望而畏之，斯不亦威而不猛乎？"子张曰："何谓四恶？"子曰："不教（jiào）而杀谓之虐；不戒视成谓之暴；慢令致期谓之贼；犹之与人也，出纳之吝谓之有司。"

20.3　子曰："不知命，无以为君子也；不知礼，无以立也；不知言，无以知人也。"

成语索引

A

B

G

H

157

159

Y

163

164